건강보험 심사평가원

심사직(5급)

- 제 1 회 -

SEOWONGAK
(주)서원각

1 다음은 어느 공문서의 내용이다. 잘못된 부분을 수정하려고 할 때 옳지 않은 것은?

甲기술평가원

수신자 : 대한기업, 민국기업, 만세기업, 사랑기업, 서준기업 등 (경유)

제목 : 2026년 하반기 기술신용보증 및 기술평가 설명회 안내

〈중략〉

－아래－

1. 일시 : 2026년 8월 6일 목요일 ~ 8월 9일 일요일
2. 장소 : 甲기술평가원 대강당(서울시 강남구 삼성동 소재)
3. 접수방법 : 甲기술평가원 홈페이지에서 신청서 작성 후 방문 및 온라인 접수

붙임 : 2026년 하반기 기술평가 설명회 신청서 1부

甲기술평가원장

과장 홍길동   부장 임꺽정   대결 홍경래

협조자

시행 : 신용보증평가부-260219(2026.06.13)
접수 : 서울 강남구 삼성동 甲기술평가원
　　　신용보증평가부(www.abc.co.kr)
전화 : 02-1234-4567
팩스 : 02-3456-7890/abc@dh.co.kr/공개

---

① 시행 항목의 시행일자 뒤에 수신기관의 문서보존기간을 삽입해야 한다.
② 붙임 항목 맨 뒤에 "."을 찍고 1자 띄우고 '끝.'을 기입해야 한다.
③ 일시의 연월일을 온점(.)으로 고쳐야 한다.
④ 일시에 요일을 표기할 때에는 목요일, 일요일이 아닌 (목), (일)로 표기해야 한다.

2 지문을 읽고 정리한 다음 〈보기〉의 내용 중 빈칸 ㈎, ㈏에 들어갈 적절한 말을 순서대로 나열된 것은 어느 것인가?

〈보기〉

사회보장 (광의)	사회보장 (협의)	사회보험	건강보험, (가), 고용보험, 노인장기요양보험
			공적연금 : 노령연금, 유족연금, (나)
		공공부조 : 생활보장, 의료보장, 재해보장	
		사회복지서비스(노인·부녀자·아동·장애인복지 등)	
	관련 제도	주택 및 생활환경, 지역사회개발, 공중보건 및 의료	
		영양, 교육, 인구 및 고용대책	

산업화 이전의 사회에서도 인간은 질병·노령·장애·빈곤 등과 같은 문제를 겪어 왔습니다. 그러나 이 시기의 위험은 사회구조적인 차원의 문제라기보다는 개인적인 문제로 여겨졌습니다. 이에 따라 문제의 해결 역시 사회구조적인 대안보다는 개인이나 가족의 책임 아래에서 이루어졌습니다.

그러나 산업사회로 넘어오면서 환경오염, 산업재해, 실직 등과 같이 개인의 힘만으로는 해결하기 어려운 각종 사회적 위험이 부각되었고, 부양 공동체 역할을 수행해오던 대가족 제도가 해체됨에 따라, 개인 차원에서 다루어지던 다양한 문제들이 국가개입 필요성이 요구되는 사회적 문제로 대두되기 시작했습니다.

이러한 다양한 사회적 위험으로부터 모든 국민을 보호하여 빈곤을 해소하고 국민생활의 질을 향상시키기 위해 국가는 제도적 장치를 마련하였는데, 이것이 바로 사회보장제도입니다. 우리나라에서 시행되고 있는 대표적인 사회보장제도는 국민연금, 건강보험, 산재보험, 고용보험, 노인장기요양보험 등과 같은 사회보험제도, 기초생활보장과 의료보장을 주목적으로 하는 공공부조제도인 국민기초생활보장제도, 그리고 노인·부녀자·아동·장애인 등을 대상으로 제공되는 다양한 사회복지서비스 등이 있습니다. 우리나라의 사회보장제도는 1970년대까지만 해도 구호사업과 구빈정책 위주였으나, 1970년대 후반에 도입된 의료보험과 1988년 실시된 국민연금제도를 통해 그 외연을 확장할 수 있었습니다.

이처럼 다양한 사회보장제도 중에서 국민연금은 보험원리에 따라 운영되는 대표적인 사회보험제도라고 할 수 있습니다. 즉, 가입자, 사용자로부터 일정액의 보험료를 받고, 이를 재원으로 사회적 위험에 노출되어 소득이 중단되거나 상실될 가능성이 있는 사람들에게 다양한 급여를 제공하는 제도입니다. 국민연금제도를 통해 제공되는 급여에는 노령으로 인한 근로소득 상실을 보전하기 위한 노령연금, 주소득자의 사망에 따른 소득상실을 보전하기 위한 유족연금, 질병 또는 사고로 인한 장기근로능력 상실에 따른 소득상실을 보전하기 위한 장애연금 등이 있으며, 이러한 급여를 지급함으로써 국민의 생활안정과 복지증진을 도모하고자 합니다.

① 연금급여, 사회보험
② 산재보험, 장애연금
③ 사회보험, 연금급여
④ 사회보험, 장애연금

3 다음은 '전교생을 대상으로 무료급식을 시행해야 하는가?'라는 주제로 철수와 영수가 토론을 하고 있다. 보기 중 옳지 않은 것은?

철수 : 무료급식은 급식비를 낼 형편이 없는 학생들을 위해서 마련되어야 하는데 지금 대부분의 학교에서는 이 아이들뿐만 아니라 형편이 넉넉한 아이들까지도 모두 대상으로 삼고 있으니 이는 문제가 있다고 봐.

영수 : 하지만 누구는 무료로 급식을 먹고 누구는 돈을 내고 급식을 먹는다면 이는 형평성에 어긋난다고 생각해. 그래서 난 이왕 무료급식을 할 거라면 전교생에게 동등하게 그 혜택이 돌아가야 한다고 봐.

철수 : 음… 돈이 없는 사람은 무료로 급식을 먹고 돈이 있는 사람은 돈을 내고 급식을 먹는 것이 과연 형평성에 어긋난다고 할 수 있을까? 형평성이란 국어사전을 찾아보면 형평을 이루는 성질을 말하잖아. 여기서 형평이란 균형이 맞음. 또는 그런 상태를 말하는 것이고. 그러니까 형평이란 다시 말하면…

영수 : 아, 그래 네가 무슨 말을 하려고 하는지 알겠어. 그런데 나는 어차피 무료급식을 할 거라면 전교생이 다 같이 무료급식을 했으면 좋겠다는 거야. 그래야 서로 불화도 생기지 않으니까. 그리고 누구는 무료로 먹고 누구는 돈을 내고 먹을 거라면 난 차라리 무료급식을 안 하는 것이 낫다고 생각해.

철수 : 그래, 네 말처럼 누구는 무료로 먹고 누구는 돈을 내고 먹는다면 서로 불화가 생길 수도 있겠지. 하지만 그런 걱정 때문에 무료급식을 하지 않는다고 하면, 급식비를 낼 형편이 없는 학생들이 굶는 것에 대한 책임은 네가 질거니?

① 위 토론에서 철수는 주제에서 벗어난 말을 하고 있다.
② 영수는 상대방의 말을 자르고 자기주장만을 말하고 있다.
③ 영수는 자신의 주장이 뚜렷하지 않다.
④ 위 토론의 주제는 애매모호하므로 주제를 수정해야 한다.

4 다음에 주어진 자료를 활용하여 '능률적인 업무 처리 방법 모색'에 대한 기획안을 구상하였다. 적절하지 않은 것은?

㈎ 한 나무꾼이 땔감을 구하기 위해 열심히 나무를 베고 있었는데 갈수록 힘만 들고 나무는 잘 베어지지 않았다. 도끼날이 무뎌진 것을 알아채지 못한 것이다. 나무꾼은 지칠 때까지 힘들게 나무를 베다가 결국 바닥에 드러눕고 말았다.

㈏ 펜을 떼지 말고 한 번에 점선을 모두 이으시오. (단, 이미 지난 선은 다시 지날 수 없다.)

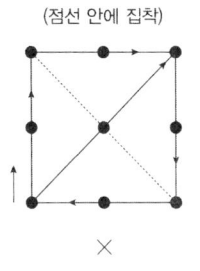
(점선 안에 집착)
×

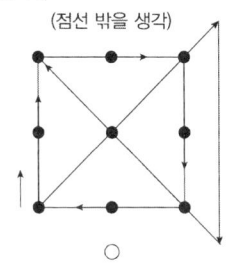
(점선 밖을 생각)
○

㈎		㈏
날이 무딘 도끼로 나무를 베는 것은 비능률적인 일이다.	자료 해석	점선 안에만 집착하면 문제를 해결하지 못한다.

①↓ ↓ ↓②

근본적인 원인을 찾아야 문제를 해결할 수 있다.	의미 추출	고정된 사고의 틀을 벗어나는 창의적 발상이 필요하다.

↓

끈기 있게 노력하지 않고 좋은 결과를 바라는 업무 태도를 개선하는 데 적용한다. ③	적용 대상 모색	고정 관념에 빠져 새로운 문제 해결 방안을 모색하지 못하는 업무 태도를 개선하는 데 적용한다. ④

↓

주제 발견 : 문제의 진단과 해결 방안의 모색

---

5 다음은 시공업체 선정 공고문의 일부이다. 이를 통해 알 수 있는 경쟁 매매 방식에 대한 적절한 설명을 모두 고른 것은?

시공업체 공고문

공고 제2025-5호
○○기업의 사원연수원 설치에 참여할 시공업체를 다음과 같이 선정하고자 합니다.
1. 사업명 : ○○기업의 사원연수원 설치 시공업체 선정
2. 참가조건 : △△ 지역 건설업체로 최근 2년 이내에 기업 연수원 설치 참여 기업
3. 사업개요 : ○○기업 홈페이지 공지사항 참고
4. 기타 : 유찰 시에는 시공업체 선정을 재공고 할 수 있음

㉠ 입찰 참가자는 주로 서면으로 신청한다.
㉡ 최저 가격을 제시한 신청자가 선정된다.
㉢ 신속하게 처리하기 위한 경매에 해당한다.
㉣ 판매자와 구매자 간 동시 경쟁으로 가격이 결정된다.

① ㉠㉡   ② ㉠㉢
③ ㉡㉢   ④ ㉢㉣

6 다음은 甲회사의 자금 조달에 관한 대화이다. 이 대화에서 재무 팀장의 제시안을 시행할 경우 나타날 상황으로 적절한 것을 모두 고른 것은?

사장 : 독자적인 신기술 개발로 인한 지식 재산권 취득으로 생산 시설 확충 자금이 필요합니다.
사원 : 주식이나 채권발행이 좋을 것 같습니다.
팀장 : 지식 재산권 취득으로 본사에 대한 인지도가 높아졌기 때문에 보통주 발행이 유리합니다.

㉠ 자기 자본이 증가하게 된다.
㉡ 이자 부담이 증가하게 된다.
㉢ 투자자에게 경영 참가권을 주어야 한다.
㉣ 투자자에게 원금 상환 의무를 지게 된다.

① ㉠㉡   ② ㉠㉢
③ ㉡㉢   ④ ㉢㉣

▌7~8▐ 다음 글을 읽고 물음에 답하시오.

최근 국제 시장에서 원유(原油) 가격이 가파르게 오르면서 세계 경제를 크게 위협하고 있다. 기름 한 방울 나지 않는 나라에 살고 있는 우리로서는 매우 어려운 상황이 아닐 수 없다. 에너지 자원을 적극적으로 개발하고, 다른 한편으로는 에너지 절약을 생활화해서 이 어려움을 슬기롭게 극복해야만 한다.

다행히 우리는 1970년대 초부터 원자력 발전소 건설을 적극적으로 추진해 왔다. 그 결과 현재 원자력 발전소에서 생산하는 전력이 전체 전력 생산량의 약 40퍼센트를 차지하고 있다. 원자력을 주요 에너지 자원으로 활용함으로써 우리는 석유, 석탄, 가스와 같은 천연 자원에 대한 의존도를 어느 정도 낮출 수 있게 되었다.

그러나 그 정도로는 턱없이 부족하다. 전체 에너지 자원의 97퍼센트를 수입하는 우리는 절약을 생활화하지 않으면 안 된다. 많은 국민들은 아직도 '설마 전기가 어떻게 되랴.' 하는 막연한 생각을 하면서 살고 있다. 한여름에도 찬 기운을 느낄 정도로 에어컨을 켜 놓은 곳도 많다. 이것은 지나친 에너지 낭비이다. 여름철 냉방(冷房) 온도를 1도만 높이면 약 2조 5천억 원의 건설비가 들어가는 원자로 1기를 덜 지어도 된다. ⊙'절약이 곧 생산'인 것이다.

에너지를 절약하는 방법에는 여러 가지가 있다. 가까운 거리는 걸어서 다니기, 승용차 대신 대중교통이나 자전거 이용하기, 에너지 절약형 가전제품 쓰기, 승용차 요일제 참여하기, 적정 냉·난방 온도 지키기, 사용하지 않는 가전제품의 플러그 뽑기 등이 모두 에너지를 절약하는 방법이다. 또, 에너지 절약 운동은 일회성으로 그쳐서는 안 된다. 그것은 반복적이고 지속적으로 실천해야만 할 과제이다. 국가적 어려움을 극복하기 위해서는 얼마간의 개인적 불편을 기꺼이 받아들이겠다는 마음가짐이 필요하다.

ⓛ 에너지 절약은 더 이상 선택 사항이 아니다. 그것은 생존과 직결되므로 반드시 실천해야 할 사항이다. 고유가(高油價) 시대를 극복하기 위해서는 우리 모두 허리띠를 졸라매는 것 외에는 다른 방법이 없다. 당장 에어컨보다 선풍기를 사용해서 전기 절약을 생활화해 보자. 온 국민이 지혜를 모으고 에너지 절약에 적극적으로 동참한다면 우리는 이 어려움을 슬기롭게 극복할 수 있을 것이다.

7 ⊙에 담긴 의미로 적절한 것은?

① 절약을 하게 되면 생산이 감소한다.
② 절약으로 전력 생산량을 증가시킨다.
③ 절약하면 불필요한 생산을 하지 않아도 된다.
④ 생산을 줄이면 절약을 하게 된다.

8 ⓛ에 대한 반응으로 가장 적절한 것은?

① 새로운 에너지 개발은 불가능하다.
② 에너지 절약 제품이 더 비싸질 것이다.
③ 에너지가 풍부할 때 실컷 사용해야 한다.
④ 에너지 절약은 생존의 문제이므로 꼭 실천해야 한다.

▌9~10▐ 다음 글을 읽고 물음에 답하시오.

5월, 일 년 중에서 가장 좋은 계절이다. 누구나 한번쯤 어디론가 여행을 떠나고 싶어진다. 봄이 무르익어 가면서 특별히 여행을 좋아하지 않는 사람들도 답답한 일상(日常)에서 벗어나 강물이 흐르고 산이 푸른 어딘가로 여행을 떠나고 싶어진다. 평소에 가 보고 싶었던 곳이 있으면, 이번 주말에 가족들과 함께 여행을 떠나 보는 것이 좋을 것이다.

'하회 마을'하면 가장 먼저 떠오르는 것이 바로 하회 별신굿 탈놀이이다. 하회 별신굿 탈놀이는 가장 인기 있는 볼거리이다. 중요 무형 문화재 제 69호인 하회 별신굿 탈놀이는 매주 토요일과 일요일 오후 3시, 탈놀이 전시관 상설 무대에서 열린다. 하회 마을의 입구에 있는 탈 박물관에 들러, 하회탈을 구경하고 탈놀이를 관람하면 더욱 좋다.

일정에 여유가 있으면 하회 마을뿐만 아니라, 주변의 관광지까지 둘러보면 더욱 좋다. 안동의 대표적인 관광지로는 민속 박물관과 도산 서원이 있다.

수도권에서 하회 마을에 다녀가려면 최소한 1박 2일의 일정을 잡는 것이 좋다. 하회 별신굿 탈놀이 상설 공연이 토요일과 일요일 오후 3시에 열리는 것을 고려해서, 먼저 안동 주변의 다른 관광지를 둘러보고 다음 날 하회의 탈놀이를 관람하는 것도 좋다. 특히 명절 때에는 하회 마을에서 여러 행사가 열리므로 이를 고려해서 여행 일정을 잡으면 더욱 알찬 여행이 될 것이다. 올 봄 하회 여행은 조상들의 삶을 만나고 우리 문화도 맛보는 좋은 기회가 될 것이다. 가족들과 함께 하회 마을로 떠나는 준비를 해 보자.

9 주어진 글을 쓴 목적으로 가장 적절한 것은?

① 하회 마을 여행을 안내하기 위해
② 하회 마을의 문화유산을 설명하기 위해
③ 하회 마을의 아름다운 경치를 보존하기 위해
④ 하회 마을의 탈놀이를 홍보하기 위해

10 다음 〈보기〉는 이 글을 쓰면서 글쓴이가 생각한 내용이다. 〈보기〉와 관련된 글쓰기의 유의 사항으로 적절한 것은?

〈보기〉
독자들의 호기심을 유발하면서 친근감을 표현하기 위해 질문의 형식으로 표현하는 것이 괜찮겠어. 또, 하회 마을이 많은 관광객이 찾는 인기 있는 관광지라는 사실을 강조하는 내용도 추가하면 훨씬 설득력이 있을 것 같군.

① 글의 주제나 형식에 맞게 개요를 작성하는 것이 좋다.
② 글의 통일성을 해치는 내용은 전체적인 흐름에 비추어 삭제하는 것이 좋다.
③ 독자들의 관심을 끌고 이해를 돕는 내용과 형식으로 적절하게 조정하고 점검해야 한다.
④ 자신의 의도와 독자의 흥미, 수준을 고려하면서 주제와 관련된 다양한 내용을 마련해야 한다.

‖11～12‖ 다음은 어느 좌담의 일부이다. 이를 읽고 물음에 답하시오.

사회자 : 안녕하십니까? 최근 유네스코 총회에서 문화 다양성 협약이 채택되었습니다. 오늘 이 자리에서는 전문가 두 분을 모시고 이에 대한 이야기를 나누어 보겠습니다. 먼저 김 교수님, 이 협약이 갖는 의의에 대해 말씀해 주시겠습니까?

김 교수 : 네, 우선 문화 다양성 협약이란 세계 각국의 문화적 다양성을 인정하는 국제 협약입니다. 즉, 각 나라가 자국의 문화 정책을 수립함에 있어 그 자주권을 보장하는 국제 규범으로, 이에 대한 국제법적 근거가 마련되었다는 점에서 의의를 가진다고 볼 수 있습니다.

사회자 : 네, 언뜻 들었을 때 자국의 문화 정책을 수립하는 데 있어 자주권을 보장하는 국제 규범이 왜 필요한지 이해가 잘 되지 않는데요. 이 협약이 채택된 배경에 대해 이 교수님께서 설명 좀 부탁드립니다.

이 교수 : 네, 현재 국제 사회는 세계화에 발맞춰 모든 영역에서 자유시장화를 추구해 왔습니다. 문화 영역 역시 예외가 아니었는데요. 그 결과로 몇몇 강대국의 대중문화가 전 세계의 문화를 지배하여 약소국의 고유한 문화적 정체성이 흔들릴 위기에 처했습니다. 이번 문화 다양성 협약의 채택은 이러한 배경에서 탄생한 것으로, 문화 영역을 다른 상품과 마찬가지로 단순히 산업으로만 보아서는 안 된다는 것을 전제로 한 것이라고 할 수 있습니다.

사회자 : 네, 그렇군요. 그럼 이 협약이 우리나라의 문화 산업이나 문화 정책에는 어떤 영향을 미칠까요?

이 교수 : 저는 이번 협약의 체결이 앞으로 우리 문화 산업에 긍정적인 영향을 줄 것이라고 전망합니다. 문화 산업 육성과 관련된 제도적 보완 장치를 도입하여 우리 문화 산업이 안팎으로 경쟁력을 확보할 수 있는 바탕이 마련되었다고 할 수 있으니까요.

김 교수 : 네, 저 역시도 이 교수님의 의견에 동의합니다. 다만, 이 협약의 근본 바탕이라고 할 수 있는 문화 다양성의 뜻을 다시 한 번 새기고 다른 나라의 문화도 균형 있게 받아들일 수 있는 자세가 필요하다는 것도 잊지 말았으면 합니다.

사회자 : 네, 말씀 잘 들었습니다. 그런데 일부 국가에서 이 협약에 강하게 반발하고 있는 것으로 알고 있는데요. 이 협약이 앞으로 얼마나 실효성을 가질지 의문입니다. 이 점에 대해 말씀해 주시겠습니까?

이 교수 : 글쎄요. 대다수 국가가 이 협약에 찬성을 하여 채택했지만 실질적인 영향력을 가지는 문화 산업 강대국에서 비준에 동의하지 하지 않는다면 자칫 선언적인 차원에 머물 가능성이 있습니다.

김 교수 : 네, 그렇습니다. 그러므로 우리나라와 입장이 비슷한 다른 나라들과 연대하여 이 협약이 비준될 수 있도록 노력해야 한다고 생각합니다.

11 이 좌담을 통해 알 수 없는 내용은?

① 협약의 의의
② 협약 채택의 배경
③ 협약에서 규정하고 있는 문화적 다양성의 개념
④ 협약의 실효성에 대한 전망

12 김 교수의 의사소통 방식을 평가한 것으로 가장 적절한 것은?

① 다양한 통계 수치를 들며 전문성을 과시하고 있다.
② 상대방의 의견에 공감하며 자신의 의견을 덧붙이고 있다.
③ 권위자의 이론을 빌려 자기 의견의 타당성을 입증하고 있다.
④ 다양한 사례를 제시하며 동의를 구하고 있다.

13 다음은 국민건강보험료를 산정하기 위한 소득월액 산정 방법에 대한 설명이다. 다음 설명을 참고할 때, 김갑동 씨의 신고 소득월액은 얼마인가?

소득월액은 입사(복직) 시점에 따른 근로자간 신고 소득월액 차등이 발생하지 않도록 입사(복직) 당시 약정되어 있는 급여 항목에 대한 1년치 소득총액에 대하여 30일로 환산하여 결정하며, 다음과 같은 계산 방식을 적용한다.
• 소득월액 = 입사(복직) 당시 지급이 약정된 각 급여 항목에 대한 1년간 소득총액 ÷ 365 × 30

〈김갑동 씨의 급여 내역〉
• 기본급 : 1,000,000원
• 교통비 : 월 100,000원
• 고정 시간외 수당 : 월 200,000원
• 분기별 상여금 : 기본급의 100%(1, 4, 7, 10월 지급)
• 하계휴가비(매년 7월 지급) : 500,000원

① 1,645,660원
② 1,652,055원
③ 1,710,000원
④ 1,727,050원

14 4명의 회의 참석자가 일렬로 테이블에 앉았다. 각 좌석에 이름표를 붙여놓아 자리가 지정되어 있었으나 참석자들은 그 사실을 모르고 그냥 마음대로 자리에 앉았다. 이런 경우 한 명만 정해진 자신의 자리에 앉고, 나머지 세 명은 자신의 자리에 앉지 않게 될 경우의 수를 구하면?

① 4가지

② 6가지

③ 8가지

④ 10가지

15 다음은 A국가의 연도별 국제 수지표이다. 이에 대한 설명으로 옳은 것을 〈보기〉에서 고른 것은?

연도\항목	2022년	2023년	2024년
(개)	−35억 달러	−28억 달러	−1억 달러
상품수지	−30억 달러	−20억 달러	7억 달러
서비스수지	−10억 달러	−5억 달러	−12억 달러
(내)	10억 달러	−13억 달러	5억 달러
이전소득수지	5억 달러	10억 달러	−1억 달러
자본·금융계정	17억 달러	15억 달러	15억 달러
자본수지	5억 달러	7억 달러	−3억 달러
금융계정	12억 달러	8억 달러	18억 달러

※ 소득수지는 본원소득수지로, 경상이전수지는 이전소득수지로, 자본수지는 자본·금융계정으로, 기타자본수지는 자본수지로, 투자수지는 금융계정으로 변경하여 현재 사용하고 있음.

〈보기〉

㉠ (개)의 적자가 지속되면 국내 통화량이 증가하여 인플레이션이 발생할 수 있다.

㉡ 국내 기업이 보유하고 있는 외국인의 배당금을 해외로 송금하면 (내)에 영향을 미친다.

㉢ 국내 기업이 외국에 주식을 투자할 경우 영향을 미치는 수지는 흑자이다.

㉣ 외국 기업이 보유한 특허권 이용료 지불이 영향을 미치는 수지는 흑자가 지속되고 있다.

① ㉠㉡

② ㉠㉢

③ ㉡㉢

④ ㉢㉣

16 다음 표는 4개 고등학교의 대학진학 희망자의 학과별 비율(상단)과 그중 희망대로 진학한 학생의 비율(하단)을 나타낸 것이다. 이 표를 보고 추론한 내용으로 올바른 것은?

고등학교	국문학과	경제학과	법학과	기타	진학 희망자수
A	(60%) 20%	(10%) 10%	(20%) 30%	(10%) 40%	700명
B	(50%) 10%	(20%) 30%	(40%) 30%	(20%) 30%	500명
C	(20%) 35%	(50%) 40%	(40%) 15%	(60%) 10%	300명
D	(5%) 30%	(25%) 25%	(80%) 20%	(30%) 20%	400명

⊙ B와 D 중에서 경제학과에 합격한 학생은 D가 많다.
ⓛ A에서 법학과에 합격한 학생은 40명보다 많고, C에서 국문학과에 합격한 학생은 20명보다 적다.
ⓒ 국문학과에 진학한 학생들이 많은 순서대로 세우면 A → B → C → D 순서가 나온다.

① ⊙
② ⓛ
③ ⓒ
④ ⊙, ⓛ

17 다음은 영·유아 수별 1인당 양육비 현황에 대한 표이다. 이를 보고 바르게 해석하지 못한 것은?

구분 \ 가구	영·유아 1인 가구	영·유아 2인 가구	영·유아 3인 가구
소비 지출액	2,141,000원	2,268,000원	2,360,000원
1인당 양육비	852,000원	662,000원	529,000원
총양육비	852,000원	1,324,000원	1,587,000원
소비 지출액 대비 총양육비 비율	39.8%	55.5%	69.0%

① 영·유아 수가 많은 가구일수록 1인당 양육비가 감소한다.
② 1인당 양육비는 영·유아가 3인 가구인 경우에 가장 많다.
③ 소비 지출액 대비 총양육비 비율은 영·유아 1인 가구인 경우에 가장 낮다.
④ 영·유아 1인 가구와 영·유아 2인 가구의 총양육비 합은 영·유아 3인 가구 총양육비의 2배보다 적다.

┃18~19┃ 다음 상황과 자료를 보고 물음에 답하시오.

발신인	A기업 권○○ 대리
수신인	갑, 을, 병, 정
내용	안녕하세요! A기업 홍길동 대리입니다. 올해 상반기 업계 매출 1위 달성을 기념하여 현재 특별 프로모션이 진행되고 있습니다. 이번 기회가 기업용 안마의자를 합리적인 가격으로 구입하실 수 있는 가장 좋은 시기라고 여겨집니다. 아래에 첨부한 설명서와 견적서를 꼼꼼히 살펴보시고 궁금한 사항에 대해서 언제든 문의하시기 바랍니다.
첨부파일	구매 관련 설명서 #1, #2, 견적서 #3, #4, #5

구매 관련 설명서 #1

구분	리스	현금구입(할부)
기기명의	리스회사	구입자
실 운영자	리스이용자(임대인)	구입자
중도 해약	가능	–
부가가치세	면세 거래	–
기간 만료	반납/매입/재 리스	–

구매 관련 설명서 #2

– 절세 효과 : 개인 사업자 및 법인 사업자는 매년 소득에 대한 세금을 납부합니다. 이때, 신고, 소득에 대한 과세 대상금액에서 리스료(리스회사에 매월 불입하는 불입금) 전액을 임차료 성격으로서 제외시킬 수 있습니다. (법인 세법상 리스료의 비용인정 – 법인세법 제18조에 의거 사업용 자산에 대한 임차료로 보아 필요경비로 인정함.)

적용세율(주민세 포함)

법인 사업자		개인 사업자	
과세표준구간	적용세율	과세표준구간	적용세율
2억 이하	11.2%	1,200만 원 이하	8.8%
2억 초과	22.4%	1,200만 원 초과 ~4,600만 원 이하	18.7%
		4,600만 원 초과 ~8,800만 원 이하	28.6%
		8,800만 원 초과	38.5%

– 법인 사업자 절세 예시

예를 들어, ○○법인의 작년 매출액이 5억 원이고 비용이 2억8천만 원이라면 ○○법인은 수익 2억2천만 원을 과세 표준으로 계산시 2,688만 원의 법인세가 부가됩니다.

> 과세표준 : 2억 이하 ⇒ 2억 원×11.2%=2,240만 원
> 과세표준 : 2억 초과 ⇒ 2천만 원×22.4%=448만 원
> 법인세 총액=2,688만 원

만약 ○○법인이 안마의자 리스를 이용하고 1년간 납부한 총 임대료가 2천만 원이었다면, 수익은 2억 원(⇒ 2억2천만 원－2천만 원)이 되고, 비용은 3억 원(2억8천만 원＋2천만 원)이 됩니다.

이에 따라 수익 2억 원을 과세표준으로 하면 법인세 2,240만 원만 부과되어 448만 원(2,688만 원－2,240만 원＝448만 원)의 절세효과를 얻으실 수 있습니다.

이를 통상 리스 약정기간인 3년으로 설정하는 경우 448만 원×3년＝1,344만 원의 절세 효과를 얻으실 수 있습니다.

물론 리스 이용료가 크면 클수록 절세효과는 더욱 더 크게 누리실 수 있습니다.

견적서 #3

안마의자	모델명	Royal-7	
	선택사양	STMC-5400	색상

가격/원가 구성

가격사항	기본가격	25,000,000	리스종류 (기간)	운용리스 (39개월)
	프로모션	3,000,000	등록명의	리스사
	탁송료		약정	39개월
	안마의자 가격(리스 이용금액)	22,000,000	만기처리	반납/구매/ 재 리스
초기부담금	2,500,000		월 납입금 (리스료)	39회 / 690,000

메모
리스 이용 프로모션 3,000,000
리스 이용시 연이율 8% 적용
설치일로부터 18개월 미만 해지시 위약금 – 남은 약정금액의 20%
설치일로부터 18개월 이후 해지시 위약금 – 남은 약정금액의 10%

견적서 #4

안마의자	모델명	Royal-7		
	선택사양	STMC-5400	색상	

가격/원가 구성

가격사항	기본가격	25,000,000	할부 기간	39개월
	프로모션	2,400,000	등록명의	개인
	탁송료			
	안마의자 가격(할부 이용금액)	22,600,000		
초기부담금		2,500,000	월 납입금 (할부금)	39회 590,000
메모	할부 이용 프로모션 2,400,000 할부 이용시 연이율 3% 적용, 선수금 10% 오를 시 할부 연이율 0.5% 하락			

견적서 #5

안마의자	모델명	Royal-7	
	선택사양	STMC-5400	색상

가격/원가 구성

가격사항	기본가격	25,000,000
	프로모션	1,800,000
	탁송료	
	안마의자 가격	23,200,000
메모	일시불 프로모션 1,800,000	

18 개인이 할부로 안마의자를 구입하는 경우 500만 원의 초기 비용을 지불하면 연이율은 몇 %가 적용되는가?

① 2.5% ② 3.0%

③ 3.5% ④ 4.0%

19 법인사업자가 안마의자를 리스로 이용하다가 20개월이 된 시점에서 약정을 해지한다면 위약금은 얼마인가?

① 1,291,000원 ② 1,301,000원

③ 1,311,000원 ④ 1,321,000원

20 다음은 안전관리자 실무교육현황에 관한 표이다. 표를 보고 이수율을 구하면? (단, 소수 첫째 자리에서 반올림하시오)

실무교육현황별(1)	실무교육현황별(2)	2008
계획인원(명)	소계	5,897.0
이수인원(명)	소계	2,159.0
이수율(%)	소계	x
교육일수(일)	소계	35.02
교육회차(회)	소계	344.0
야간/휴일	교육회차(회)	4.0
교육실시현황	이수인원(명)	35.0

① 36.7%

② 41.9%

③ 52.7%

④ 66.5%

21 다음은 A국가의 다문화 가정 자녀의 취학 현황에 대한 조사표이다. 이 표에 대한 바른 해석으로 가장 적절한 것은?

(단위 : 명, %)

연도	다문화 가정의 취학 학생 수			전체 취학 학생 대비 비율
	국제결혼 가정	외국인 근로자 가정	계	
2020년	7,998	836	8,834	0.11
2021년	13,445	1,209	14,654	0.19
2022년	18,778	1,402	20,180	0.26
2023년	24,745	1,270	26,015	0.35
2024년	30,040	1,748	31,788	0.44

ⓙ 2020년보다 2024년의 전체 취학 학생 수가 더 적다.

ⓛ 다문화 가정 자녀의 교육에 대한 지원 필요성이 증가했을 것이다.

ⓒ 2023년에 비해 2024년에 다문화 가정의 취학 학생 수는 0.09% 증가하였다.

ⓔ 다문화 가정의 자녀 취학에서 외국인 근로자 가정의 자녀 취학이 차지하는 비중은 지속적으로 증가하였다.

① ㉠㉡

② ㉠㉢

③ ㉡㉢

④ ㉡㉣

22 다음에 제시된 상황을 보고 온라인게시판에 올라와 있는 한 고객의 상담요청을 받은 K가 요청된 내용에 따라 계산한 보증료로 적합한 것은?

보증회사의 회계팀 사원인 K는 신용보증과 관련된 온라인 고객상담 게시판을 담당하며 고객들의 문의사항을 해결하는 업무를 하고 있다.

◀보증심사등급 기준표▶

CCRS기반	SBSS기반	보증료율
K5		1.1%
K6	SB1	1.2%
K7		1.3%
K8	SB2	1.4%
K9	SB3	1.5%

◀보증료율 운용체계▶

① 보증심사 등급별 보증료율	• CCRS 적용기업(K5 ~ K9) • SBSS 적용기업(SB1 ~ SB3)	
② 가산요율	보증비율 미충족	0.2%p
	일부해지기준 미충족	0.4%p
	장기분할해지보증 해지 미이행	0.5%p
	기타	0.1%p ~ 0.6%p
③ 차감요율	0.3%p	장애인 기업, 창업초기기업
	0.2%p	녹색성장산업영위기업, 혁신역량 전파기업, 고용창출기업, 물가안정 모범업소
	0.1%p	혁신형 중소기업, 여성기업, 회계투명성 제고기업
	기타	경쟁력 향상, 창업지원 프로그램 대상 협약보증
④ 조정요율	차감	최대 0.3%p

• 가산요율과 차감요율은 중복적용이 가능하며, 조정요율은 상한선 및 하한선을 넘는 경우에 대해 적용

• 최종 적용 보증료율=①+②-③±④=0.5%(하한선)-2.0%(상한선) (단, 대기업의 상한선은 2.3%로 함)

※ 보증료 계산 : 보증금액×최종 적용 보증료율×보증기간/365

고객 상담 게시판

상담요청 : 보증료 관련 문의

안녕하세요.

저는 조그마한 회사를 운영하고 있는 자영업자입니다.

보증료 계산하는 것에 어려움이 있어 이렇게 질문을 남깁니다.

현재 저희 회사의 보증심사등급은 CCRS 기준 K6입니다.

그리고 보증비율은 미충족 상태이며, 작년에 물가안정 모범업소로 지정되었습니다.

대기업은 아니고 다른 특이사항은 없습니다.

보증금액은 150억이고 보증기간은 73일로 요청 드립니다.

① 2,400만 원

② 2,700만 원

③ 3,200만 원

④ 3,600만 원

23 동물인형을 파는 상점이 있다. 판다, 토끼, 사슴, 사자, 기린 인형을 파는데 판다 인형의 판매가격이 1,000원이다. 여러 동물 인형의 가격이 다음과 같다면 사자 인형의 판매가격은 얼마인가?

> ㉠ 사슴 인형의 가격은 판다와 토끼 인형의 가격을 합한 금액이다.
> ㉡ 사자 인형과 토끼 인형의 가격을 합한 것은 기린 인형의 가격이다.
> ㉢ 판다 인형 4개와 사자 인형 2개의 가격을 더하면 사슴 인형 2개를 살 수 있다.
> ㉣ 판다 인형 2개와 사자 인형 4개의 가격은 2개의 기린 인형 가격과 같다.
> ㉤ 기린 인형 4개, 사슴 인형 3개의 가격은 토끼 인형 5개, 판다 인형 7개, 사자 인형 5개의 가격과 같다.
> ㉥ 사자 인형 5개와 기린 인형 2개의 가격은 같다.

① 2,000원
② 3,000원
③ 4,000원
④ 5,000원

24 다음 대화 중 주체 높임 표현이 쓰이지 않은 것은?

> 경미 : 원장 선생님께서는 어디 가셨나요?
> ㉠ 서윤 : 독감 때문에 병원에 가신다고 아까 나가셨어요.
> ㉡ 경미 : 맞다. 며칠 전부터 편찮으시다고 하셨지.
> ㉢ 서윤 : 연세가 많으셔서 더 힘드신가 봐요.
> ㉣ 경미 : 요즘은 약이 좋아져서 독감도 쉽게 낫는다고 하니 다행이지요.
> 서윤 : 그래요. 원장 선생님께서는 원래 건강하신 분이니까요.

① ㉠
② ㉡
③ ㉢
④ ㉣

25 다음 글을 읽고 김 실장이 A국가에의 진출을 반대한 이유로 가장 적절한 것은?

이 차장은 시장조사를 하다가 가구의 수와 가구의 생애주기 단계는 현재와 미래의 제품과 서비스 수요에 상당한 영향력을 발휘함을 알게 되었다. 2025년 전 세계의 가구당 평균 인원은 3.5명이다. A국가 평균 출생률이 높고 젊은 층의 인구가 많으며, 교육 수준이 낮은 지역은 가구당 평균 인원이 많다. 그리고 일반적으로 인구가 많은 수도권 부근이 그 외의 지역에 비해서 훨씬 더 많은 소비가 나타나고 있다는 것을 보았을 때, 향후 인구가 급속하게 늘어날 것으로 예상되는 인도시장에 빨리 진출해야 한다고 생각했다.

한편, 김 실장은 향후 전 세계적으로 두드러진 트렌드 중 하나인 자녀 없는 가구, 즉 19세 미만의 가족 구성원이 없는 가구의 수가 늘어난다는 사실을 알게 되었다. 자녀가 없는 소규모 가구로의 편중 현상은 휴양, 여행, 건강관리, 외식 등 재량 소비 증가의 주된 원인이 될 것이다. 10가구 중 9가구가 자녀가 있는 A국가와 달리 2025년 기준 B국가 가구의 53%가 자녀가 없고, 통계 자료에 따르면 2040년 그 비율은 63%에 달한다. 최근 몇 년 동안 B국가 소비시장에서 재량 소비가 빠르게 증가하고 있는 이유가 여기에 있는 것이다. 이 차장이 A국가 시장 선점을 제안했을 때, 김 실장은 고개를 저었다.

① 이 차장은 젊은 층의 소비행태를 간과하였다.
② 국내 시장을 선점하기 전에 해외시장 진출은 무모하다.
③ A국가의 중산층 가구의 급속한 부상을 고려하지 않은 전략이다.
④ 근로자 1인당 부양가족 수가 많아지면 저축을 하거나 재량 소비를 늘릴 여력이 없다.

26 ○○은행에서 창구업무를 보던 도중 한 고객이 입금하려던 예금액 500만 원이 분실되었다. 경찰은 3명의 용의자 A, B, C를 검거하였다. 그러나 세 명의 용의자는 하나같이 자신이 범인이 아니라고 했지만 셋 중 하나가 범인임에 틀림없다. 세 사람이 각각 진술한 3개의 진술 중 하나의 진술은 참이고, 나머지는 거짓이다. 다음 중 범인과 참인 진술로 바르게 짝지어진 것은?

A의 진술
㉠ B가 범인이다.
㉡ 우리 집에는 사과가 많이 있다.
㉢ 나는 C를 몇 번 만난 적이 있다.

B의 진술
㉠ 내가 범인이다.
㉡ A의 두 번째 말은 거짓이다.
㉢ A와 C는 한 번도 만난 적이 없다.

C의 진술
㉠ A가 범인이다.
㉡ B의 두 번째 말은 진실이다.
㉢ 나는 A를 한 번도 만난 적이 없다.

① 범인은 C, 참인 진술은 A의 ㉢ – B의 ㉡
② 범인은 A, 참인 진술은 A의 ㉡ – C의 ㉠
③ 범인은 C, 참인 진술은 C의 ㉡ – B의 ㉢
④ 범인은 B, 참인 진술은 A의 ㉢ – C의 ㉢

27 다음 중 A, B, C, D 네 명이 파티에 참석하였다. 그들의 직업은 각각 교사, 변호사, 의사, 경찰 중 하나이다. 다음 내용을 읽고 〈보기〉의 내용이 참, 거짓 또는 알 수 없음을 판단하면?

---

① A는 교사와 만났지만, D와는 만나지 않았다.

② B는 의사와 경찰을 만났다.

③ C는 의사를 만나지 않았다.

④ D는 경찰과 만났다.

〈보기〉

㉠ C는 변호사이다.

㉡ 의사와 경찰은 파티장에서 만났다.

---

① ㉠과 ㉡ 모두 참이다.

② ㉠과 ㉡ 모두 거짓이다.

③ ㉠만 참이다.

④ ㉡만 참이다.

28 갑, 을, 병 세 명은 사업장 가입자, 지역가입자, 임의가입자 중 각기 다른 하나의 자격을 가지고 있다. 이들 세 명 중 한 명만이 진실을 말하고 있을 경우, 다음과 같은 진술을 통하여 항상 참인 명제가 아닌 것은 어느 것인가?

• 갑 : 나는 지역가입자이다.

• 을 : 나는 지역가입자가 아니다.

• 병 : 나는 임의가입자가 아니다.

---

① 갑은 임의가입자이다.

② 병은 지역가입자이다.

③ 갑은 사업장 가입자가 아니다.

④ 병은 임의가입자가 아니다.

29 다음 〈상황〉과 〈조건〉을 근거로 판단할 때 옳은 것은?

〈상황〉

A대학교 보건소에서는 4월 1일(월)부터 한 달 동안 재학생을 대상으로 금연교육 4회, 금주교육 3회, 성교육 2회를 실시하려는 계획을 가지고 있다.

〈조건〉

- 금연교육은 정해진 같은 요일에만 주 1회 실시하고, 화, 수, 목요일 중에 해야 한다.
- 금주교육은 월요일과 금요일을 제외한 다른 요일에 시행하며, 주 2회 이상은 실시하지 않는다.
- 성교육은 4월 10일 이전, 같은 주에 이틀 연속으로 실시한다.
- 4월 22일부터 26일까지 중간고사 기간이고, 이 기간에 보건소는 어떠한 교육도 실시할 수 없다.
- 보건소의 교육은 하루에 하나만 실시할 수 있고, 토요일과 일요일에는 교육을 실시할 수 없다.
- 보건소는 계획한 모든 교육을 반드시 4월에 완료하여야 한다.

① 금연교육이 가능한 요일은 화요일과 수요일이다.

② 4월 30일에도 교육이 있다.

③ 금주교육은 4월 마지막 주에도 실시된다.

④ 4월 둘째 주에는 금연교육, 금주교육, 성교육이 모두 시행된다.

30 다음 조건을 바탕으로 미연의 거주지와 직장이 위치한 곳을 바르게 짝지은 것은?

- ㉠ 수진, 미연, 수정은 각각 종로, 명동, 강남 중 각각 한 곳에 거주한다.
- ㉡ 수진, 미연, 수정은 각각 종로, 명동, 강남 중 각각 한 곳에 직장을 다니며, 세 사람 모두 자신의 거주지와 직장의 위치는 다르다.
- ㉢ 수진은 지금 수정의 직장이 위치한 곳에 거주한다.
- ㉣ 수정은 종로에 거주하지 않는다.
- ㉤ 수정과 미연은 명동에 거주하지 않는다.
- ㉥ 수진의 직장이 위치한 곳은 종로이다.

	거주지	직장
①	종로	강남
②	명동	종로
③	강남	명동
④	종로	명동

31 다음 조건을 바탕으로 김 대리가 휴가를 쓰기에 가장 적절한 날은 언제인가?

> ㉠ 김 대리는 반드시 이번 주에 휴가를 쓸 것이다.
> ㉡ 김 대리는 실장님 또는 팀장님과 같은 날, 또는 공휴일에 휴가를 쓸 수 없다.
> ㉢ 팀장님이 월요일에 휴가를 쓴다고 하였다.
> ㉣ 실장님이 김 대리에게 우선권을 주어 휴가를 쓸 수 있는 요일이 수, 목, 금이 되었다.
> ㉤ 김 대리는 5일에 붙여서 휴가를 쓰기로 하였다.
> ㉥ 이번 주 5일은 공휴일이며, 주중에 있다.

① 월요일
② 화요일
③ 수요일
④ 금요일

32 귀하는 커피 전문점을 운영하고 있다. 아래와 같이 엑셀 워크시트로 4개 지점의 원두 구매 수량과 단가를 이용하여 금액을 산출하고 있다. 귀하가 다음 중 D3셀에서 사용하고 있는 함수식으로 옳은 것은? (단, 금액 = 수량 × 단가)

	A	B	C	D	E
1	지점	원두	수량(100g)	금액	
2	A	케냐	15	150000	
3	B	콜롬비아	25	175000	
4	C	케냐	30	300000	
5	D	브라질	35	210000	
6					
7		원두	100g당 단가		
8		케냐	10,000		
9		콜롬비아	7,000		
10		브라질	6,000		
11					

① =C3*VLOOKUP(B3, $B$8:$C$10, 1, 1)
② =B3*HLOOKUP(C3, $B$8:$C$10, 2, 0)
③ =C3*VLOOKUP(B3, $B$8:$C$10, 2, 0)
④ =C3*HLOOKUP($B$8:$C$10, 2, B3)

33 수현이와 지혜는 강릉으로 가기 위해 고속버스를 이용하기로 했다. 그렇게 두 사람은 표를 예매하고 승차시간까지 기다리다 우연히 승차권의 뒷면을 보게 되었다. 이때 다음의 그림을 보고 "운송약관 중 7번"에 대한 정보내용에서 서비스의 어떠한 측면과 가장 관련성이 있는지 추측한 내용으로 가장 올바른 것은?

> [운송약관요약]
> 1. 승차권 부정사용 시 승차구간 운임의 10배 부가운임을 요구할 수 있습니다.
> 2. 승차권을 분실한 때에는 무효처리 됩니다.
> 3. 본 승차권의 환불은 지정 차가 출발하기 전일부터 출발시간 전까지 10%, 출발 이후부터는 이틀까지 20%를 공제한 잔액을 환불합니다. 지정 차가 출발하기 2일 전에는 공제하지 않습니다.
> 4. 환급 및 수수료 계산 시 100원 단위 미만은 절사합니다.
> 5. 다음의 경우에는 승차를 거절할 수 있습니다.
>   가. 인화성 물질과 승객에게 불쾌감을 주는 물품 소지자
>   나. 만취자 또는 신변이 불결한 자
>   다. 중환자의 단독여행 또는 전염병 환자
>   라. 안전운행을 위한 승무원 지시에 불응하는 자
>   마. 동물(장애인 보조견 및 전용운반상자에 넣은 동물은 제외)
> 6. 승객 휴대품의 파손, 분실 및 보관은 각자의 책임입니다.
> 7. 사용하지 않은 승차권은 출발시간이 지나면 사용할 수 없습니다.

① 서비스는 재고의 형태로 보관할 수 없다.
② 서비스는 유형의 상품에만 적용된다.
③ 서비스는 시공간적으로 분리가 가능하다.
④ 가변성으로 인해 서비스의 내용이 달라질 수 있다.

34 원모, 연철, 형일, 지훈이는 추석 명절을 맞아 열차승차권을 예매하려고 한다. 이들 네 사람 중 아래에 제시된 추석 열차편 예매 안내문을 가장 잘못 이해하고 있는 사람을 고르면?

[2025년 추석 승차권 예매 안내]
▶ 대상기간 : 2025년 9월 1일 ~ 9월 6일 6일간
▶ 대상승차권 : 무궁화호 이상 모든 열차승차권
▶ 예매기간 및 주요내용

예매일	시간	판매 매체	대상 노선
8.17.	06:00 ~12:00	홈페이지 (인터넷)	경부, 경전, 경북, 대구, 충북, 경의, 경원, 동해선, 동해남부선
8.17.	09:00 ~11:00	역·승차권 판매대리점	
8.18.	06:00 ~12:00	홈페이지 (인터넷)	호남, 전라, 장항, 중앙, 태백, 영동
8.18.	09:00 ~11:00	역·승차권 판매대리점	

※ 지정한 역 및 승차권 판매대리점에서 예매하실 수 있습니다.
※ 코레일톡(앱), 철도고객센터(ARS 포함), 자동발매기에서는 승차권을 예매하실 수 없습니다.

① 형일 : 이번 추석승차권 대상기간은 6일 동안이야.
② 원모 : 8월 17일에는 경부선과 동해남부선 예매가 가능해.
③ 지훈 : 나는 추석날에 호남선을 이용해야 하는데 아침 6시부터 인터넷 홈페이지에서 예매를 하면 되겠어.
④ 연철 : 이 기간 동안에 열차승차권 예매를 한다면 지하철 승차권도 해당되겠군.

35 가희, 나희, 다희, 라희는 이번에 ㈜○○에 새로 입사를 하게 되었고 얼마 되지 않아 프로젝트 팀에 차출되어 팀원들과 태스크 포스 팀을 이루게 되었다. 그 첫 번째로 다섯 사람은 차출되어 온 직원들과의 효율적인 협업을 위해 사내 메신저를 설치하게 되었다. 다음 중 아래의 그림을 보고 이들 다섯 사람이 모여서 이야기 한 내용으로 가장 옳지 않은 항목을 고르면?

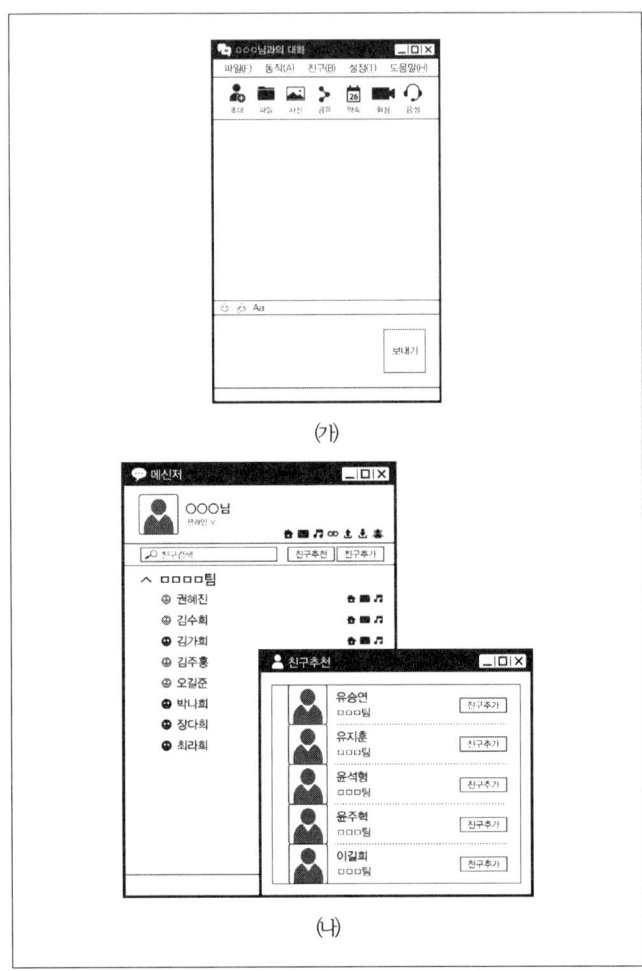

① 가희 : 메신저를 사용하면 상대방이 인터넷에 접속해 있는지를 확인할 수 없어서 너무 답답해.
② 나희 : 컴퓨터로 업무를 하면서 메시지를 주고받을 수 있어.
③ 다희 : 여러 사람과의 화상채팅이나 음성채팅도 지원해줘서 좋아.
④ 라희 : 메신저를 사용하면 회사에서 작성한 동영상 파일을 보낼 수 있어.

▌36~38▌ 다음 △△그룹 물류창고의 책임자와 각 창고 내 보관된 제품의 코드 목록을 보고 물음에 답하시오.

책임자	제품코드번호	책임자	제품코드번호
강경모	25063G0200700031	고건국	25046O0401900018
공석준	25033G0301300003	나경록	25072E0200900025
문정진	25106P0200800024	박진철	25025M0401500008
송영진	25087Q0301100017	신현규	25111A0100500021
지석원	25054J0201000005	최용상	25018T0401700013

생산연월	생산공장			제품종류			생산순서
	지역코드		고유번호	분류코드		고유번호	
• 2503 −2025년 3월 • 2512 −2015년 12월	1	경기도	A 1공장	01	침실가구	001 침대	00001 부터 시작하여 생산 순서대로 5자리의 번호가 매겨짐
			B 2공장			002 매트리스	
			C 3공장			003 장롱	
	2	울산	D 1공장			004 서랍장	
			E 2공장			005 화장대	
			F 3공장			006 거울	
	3	부산	G 1공장	02	거실가구	007 TV	
			H 2공장			008 장식장	
			I 3공장			009 소파	
	4	인천	J 1공장			010 테이블	
			K 2공장			011 책꽂이	
			L 3공장	03	서재가구	012 책상	
	5	대구	M 1공장			013 의자	
			N 2공장			014 책장	
	6	광주	O 1공장			015 선반	
			P 2공장			016 공간박스	
	7	제주	Q 1공장	04	수납가구	017 코너장	
			R 2공장			018 소품수납함	
	8	대전	S 1공장			019 행거	
			T 2공장			020 수납장	

〈예시〉
2025년 9월에 경기도 1공장에서 15번째로 생산된 침실가구 장롱 코드 2509-1A-01003-00015

2509	1A	01003	00015
(생산연월)	(생산공장)	(제품종류)	(생산순서)

36 △△그룹의 제품 중 2025년 5월에 부산 3공장에서 19번째로 생산된 서재가구 책상의 코드로 알맞은 것은?

① 25051C0301300019

② 25053I0301200019

③ 25053I0301100019

④ 25051C0301400019

37 1공장에서 생산된 제품들 중 현재 물류창고에 보관하고 있는 거실가구는 모두 몇 개인가?

① 1개   ② 2개

③ 3개   ④ 4개

38 다음 중 광주에서 생산된 제품을 보관하고 있는 물류창고의 책임자들끼리 바르게 연결된 것은?

① 고건국 – 문정진

② 강경모 – 공석준

③ 박진철 – 최용상

④ 나경록 – 지석원

39 다음은 K쇼핑몰의 날짜별 판매상품 정보 중 일부이다. 다음의 파일에 표시된 대분류 옆의 ▼를 누르면 많은 종류의 상품 중 보고 싶은 대분류(예를 들어, 셔츠)만을 한눈에 볼 수 있다. 이 기능은 무엇인가?

① 조건부 서식
② 찾기
③ 필터
④ 정렬

40 다음의 알고리즘에서 인쇄되는 S는?

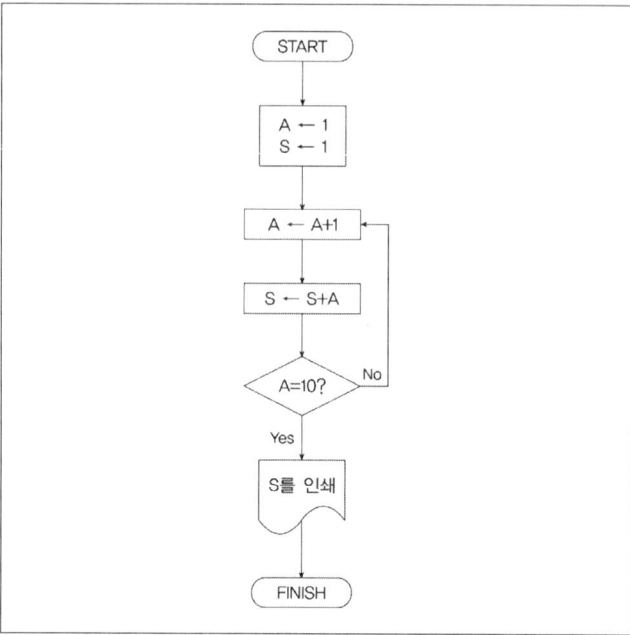

① 36
② 45
③ 55
④ 66

직무수행능력평가

41 건강보험심사평가원 업무로 적절하지 않은 것은?

① 요양급여비용의 심사

② 요양급여의 적정성 평가

③ 심사기준 개발

④ 보험급여 비용의 지급

42 건강보험심사평가원에서 관장하는 업무를 모두 고른 것은?

> ⊙ 요양급여비용의 심사
> ⓒ 다른 법률에 따라 지급되는 급여비용의 심사 또는 의료의 적정성 평가에 관하여 위탁받은 업무
> ⓒ 요양급여비용의 심사청구와 관련된 소프트웨어의 개발·공급·검사 등 전산 관리
> ⓒ 요양급여의 적정성 평가 결과의 공개

① ⊙

② ⓒⓒ

③ ⊙ⓒⓒ

④ ⊙ⓒⓒⓒ

43 국민건강보험법령에 따라 ⊙에 들어가는 것으로 적절한 것은?

> 국민건강보험법 제2조(관장) 이 법에 따른 건강보험사업은
> (⊙)이 맡아 주관한다.

① 대통령

② 건강보험심사평가원의 원장

③ 보건복지부장관

④ 국민건강보험공단 이사장

44 국민건강보험법령에 따라 가입자 자격이 변동되는 시기는?

① 직장가입자인 근로자 등이 그 사용관계가 끝난 날의 다음 날

② 국내에 거주하지 아니하게 된 날의 다음 날

③ 직장가입자의 피부양자가 된 날

④ 건강보험을 적용받고 있던 사람이 유공자등 의료보호대상자가 되어 건강보험의 적용배제신청을 한 날

45 국민건강보험법령에 따라 국민건강보험공단의 설립등기에 포함되어야 하는 것이 아닌 것은?

① 목적

② 명칭

③ 가입자 주소

④ 이사장 주민등록번호

46 국민건강보험법령에 따라 다음 빈칸에 들어가는 것으로 적절한 것은?

> 제41조의2(약제에 대한 요양급여비용 상한금액의 감액 등)
> ① 보건복지부장관은 「약사법」 제47조 제2항의 위반과 관련된 제41조 제1항 제2호의 약제에 대하여는 요양급여비용 상한금액(제41조 제3항에 따라 약제별 요양급여비용의 상한으로 정한 금액)의 ( )을 넘지 아니하는 범위에서 그 금액의 일부를 감액할 수 있다.

① 50분의 40

② 50분의 20

③ 100분의 40

④ 100분의 20

47 다음 중 국민건강보험법상 지역가입자의 보험료율과 재산보험료부과점수당 금액을 정하는 기준을 가장 바르게 설명한 것은?

① 심의위원회의 의결을 거쳐 대통령령으로 정한다.
② 이사회의 의결을 거쳐 대통령령으로 정한다.
③ 심의위원회의 의결을 거쳐 보건복지부령으로 정한다.
④ 이사회의 의결을 거쳐 보건복지부령으로 정한다.

48 다음 중 처해지는 벌칙이 나머지와 다른 하나는?

① 대행청구단체의 종사자로서 거짓이나 그 밖의 부정한 방법으로 요양급여비용을 청구한 자
② 대행청구단체가 아닌 자로 하여금 심사청구를 대행하게 한 자
③ 고용한 근로자가 「국민건강보험법」에 따른 직장가입자가 되는 것을 방해한 사용자
④ 업무정지기간 중에는 요양급여를 한 요양기관의 개설자

49 다음 중 과태료가 나머지 셋과 다른 하나는?

① 서류를 보존하지 아니한 자
② 공단 등에 대한 감독 등의 명령을 위반한 자
③ 정당한 사유 없이 신고·서류제출을 하지 아니한 자
④ 공단이나 심사평가원의 유사명칭을 사용한 자

50 보건복지부장관이 과징금을 징수하기 위하여 필요할 경우 관할 세무관서의 장 또는 지방자치단체의 장에게 과세정보의 제공을 요청할 수가 있다. 이 때 요청해야 할 문서에 적어야 할 내용이 아닌 것은?

① 납세자의 인적사항
② 사용 목적
③ 국세 및 지방세 납부 실적
④ 과징금 부과 사유 및 부과 기준

51 다음 중 지역가입자 금융정보 등의 제공에 대한 설명으로 옳지 않은 것은?

① 지역가입자 금융정보 등의 제공은 공단이 금융회사 등의 장에게 요청할 수 있다.
② 지역가입자의 금융정보 등의 제공은 재산보험료부과점수 산정을 위하여 필요한 경우에 할 수 있다.
③ 금융기관의 장은 금융정보 등의 제공 사실을 명의인이 동의한 경우에는 통보하지 않아도 된다.
④ 금융정보 등의 제공 요청 및 제공 절차 등에 필요한 사항은 보건복지부령으로 정한다.

52 다음 중 보험료 등의 독촉 및 체납처분에 대한 설명으로 옳지 않은 것은?

① 독촉을 받은 자가 보험료 등을 내지 아니하면 국세 체납 처분의 예에 따라 이를 징수할 수 있다.
② 공단은 보험료 등을 내야 하는 자가 보험료 등을 내지 아니하면 기한을 정하여 독촉할 수 있다.
③ 공단은 체납처분을 하기 전에 보험료 등의 체납 내역 및 소액금융재산에 대한 압류금지 사실 등이 포함된 통보서를 발송하여야 한다.
④ 보험료 등을 독촉할 때에는 30일 이내의 납부기한을 정하여 독촉장을 발부하여야 한다.

53 다음은 보험료 납부의무에 대한 설명이다. 옳지 않은 것은?

① 직장가입자의 보수월액보험료는 직장가입자가 납부하고 보수 외 소득월액보험료는 사용자가 납부한다.
② 지역가입자의 보험료는 그 가입자가 속한 세대의 지역가입자 전원이 연대하여 납부한다.
③ 소득 및 재산이 없는 미성년자와 소득 및 재산 등을 고려하여 대통령령으로 정하는 기준에 해당하는 미성년자는 납부의무를 부담하지 아니한다.
④ 사용자는 보수월액보험료 중 직장가입자가 부담하여야 하는 그 달의 보험료액을 그 보수에서 공제하여 납부하여야 한다.

54 다음 중 공단이 실시하는 건강검진에 대한 설명으로 옳은 것은?

① 암검진은 암의 종류별 검진주기와 연령 기준 등에 해당하는 사람을 대상으로 한다.

② 일반건강검진 대상자는 직장가입자, 세대주인 지역가입자, 19세 이상인 지역가입자 및 피부양자이다.

③ 영유아건강검진은 7세 미만의 가입자 및 피부양자를 대상으로 실시한다.

④ 건강검진의 횟수, 절차에 필요한 사항은 보건복지부령으로 정한다.

55 다음 중 공단이 관장하는 업무만을 모두 고른 것은?

> ㉠ 보험급여의 관리
> ㉡ 보험급여 비용의 지급
> ㉢ 심사기준 및 평가기준의 개발
> ㉣ 자산의 관리·운영 및 증식사업
> ㉤ 건강보험에 관한 조사연구 및 국제협력
> ㉥ 요양급여의 적정성 평가
> ㉦ 보험료와 그 밖에 국민건강보험법에 따른 징수금의 부과·징수

① ㉠㉡㉢㉣

② ㉠㉡㉣㉤㉦

③ ㉡㉢㉣㉤㉥

④ ㉠㉡㉢㉣㉤㉥㉦

56 다음에 해당하는 직장가입자 A씨의 월별 보험료 계산 및 납부의무에 관한 설명으로 옳은 것은?

> 〈직장가입자 A씨〉
> • 2026년 보수월액은 500만 원, 보수 외 소득은 연간 3,000만 원이다.
> • 2026년 보험료율은 7.19%이다.

① A씨의 보수월액보험료는 500만 원에 보험료율 7.19%를 곱하여 산출된 금액이며, A씨가 그 전액을 납부하여야 한다.

② A씨는 보수 외 소득이 연간 2,000만 원을 초과하므로 보수월액보험료 전액을 납부할 의무가 있다.

③ 보수월액 보험료는 직장가입자와 사용자가 각각 100분의 50씩 부담하므로, A씨가 실제 부담하는 월 보수월액 보험료는 179,750원이다.

④ 소득월액 보험료를 산정할 때, 기준이 되는 소득에서 2,000만 원을 공제한 후의 보수 외 소득월액보험료는 전액 사용자가 부담한다.

57 다음 중 부당이득의 징수 및 연대납부의무에 관한 설명으로 옳은 것은?

① 의료법을 위반하여 면허를 대여받아 부당하게 보험급여 비용을 받은 경우, 공단은 해당 요양기관을 개설한 자에게 요양기관과 연대하여 징수금을 납부하게 할 수 있다.

② 가입자가 건강보험증을 타인에게 대여하여 보험급여를 받게 한 경우, 공단은 보험급여를 받은 사람에게만 징수금을 내게 할 수 있으며 대여한 가입자에게는 책임을 물을 수 없다.

③ 속임수로 보험급여를 받은 사람이 피부양자인 경우, 해당 피부양자가 속한 세대의 모든 세대원이 연대하여 징수금을 납부내야 하며 직장가입자는 제외된다.

④ 요양기관이 가입자로부터 부당하게 요양급여비용을 받은 경우, 공단은 이를 징수하여 가입자에게 지급할 수 있으나 가입자가 내야 하는 보험료와 상계하는 것은 불가능하다.

58 다음 중 약제에 대한 요양급여비용 상한금액의 감액 및 적용 정지에 관한 설명으로 옳지 않은 것은?

① 「약사법」 위반과 관련된 약제에 대하여는 100분의 20의 범위에서 감액할 수 있다.

② 약제에 대한 요양급여비용 상한금액의 감액 및 적용 정지의 기준은 보건복지부령으로 정한다.

③ 1차 상한금액을 감액한 후 5년 내에 다시 위반하면 100분의 40 범위에서 감액할 수 있다.

④ 2차 상한금액을 감액한 후 5년 내에 다시 위반하면 1년 범위에서 요양급여 적용을 정지할 수 있다.

59 요양급여대상으로 결정·고시한 약제에 대하여 보건복지부장관이 직권으로 조정할 수 있는 것으로 옳지 않은 것은?

① 요양급여비용의 지급시기

② 요양급여대상 여부

③ 요양급여대상 범위

④ 요양급여비용 상한금액

60 다음 빈칸에 들어갈 내용으로 적절한 것은?

> 요양급여를 결정함에 있어 경제성 또는 치료효과성 등이 불확실하여 그 검증을 위하여 추가적인 근거가 필요하거나, 경제성이 낮아도 가입자와 피부양자의 건강회복에 잠재적 이득이 있는 등 대통령령으로 정하는 경우에는 예비적인 요양급여인 (   )로 지정하여 실시할 수 있다.

① 예비급여   ② 추가급여

③ 잠재급여   ④ 선별급여

61 국민건강보험 요양급여의 기준에 관한 규칙에 따라 선별급여의 실시 제한에 대한 설명으로 옳은 것은?

① 건강보험심사평가원 원장은 선별급여의 실시 제한을 위하여 필요하다고 인정하는 경우에는 선별급여 실시기관에 대하여 관련 자료를 요구할 수 있다.

② 보건복지부장관은 선별급여 실시기관이 선별급여의 실시 제한사유에 해당하는 경우에는 보건복지부장관이 정하는 바에 따라 일정한 기간을 정하여 그 시정을 명할 수 있다.3

③ 선별급여 실시기관이 시정명령을 이행하지 않는 경우에는 6개월의 범위에서 선별급여의 실시를 제한할 수 있다.

④ 선별급여 실시기관이 선별급여 실시 제한기간이 끝난 후에 다시 선별급여를 실시하려는 경우에는 선별급여실시조건의 충족 여부를 입증하는 서류를 국민건강보험공단을 거쳐 보건복지부장관에게 제출해야 한다.

62 국민건강보험 요양급여의 기준에 관한 규칙에 따라 다음 빈칸에 들어가는 것은?

> 보건복지부장관은 (㉠) 및 (㉡)에 관하여 보건복지부, 국민건강보험공단 및 건강보험심사평가원으로부터 독립적으로 검토할 수 있는 절차를 마련하여야 한다.

	㉠	㉡
①	진료과목의 범위 및 종류 등에 관한 사항	하한금액
②	약제급여평가위원회의 심의에 따른 평가결과	상한금액
③	치료재료 및 약제의 요양급여대상 여부	상한금액
④	환자의 요건 및 기준 등에 관한 사항	하한금액

63 국민건강보험 요양급여의 기준에 관한 규칙에 따라 보건복지부령으로 정하는 사유에 해당하는 자는?

> 국민건강보험법 제41조의5(방문요양급여) 가입자 또는 피부양자가 질병이나 부상으로 거동이 불편한 경우 등 <u>보건복지부령으로 정하는 사유</u>에 해당하는 경우에는 가입자 또는 피부양자를 직접 방문하여 제41조에 따른 요양급여를 실시할 수 있다.

① 장애인 건강 주치의 제도의 대상이 되는 중증장애인
② 20세 미만의 간암환자
③ 가정형 인공호흡기를 사용하여 방문요양급여를 제공받을 필요가 있는 60세 미만 환자
④ 지적장애로 올바른 판단을 할 수 없는 사람

64 다음 중 보험료에 대한 설명으로 옳지 않은 것은?

① 보험료 납부의무자로부터의 보험료 징수는 공단이 한다.
② 장애인이나 휴직자 등의 세대에 대한 보험료 일부를 경감할 수 있다.
③ 보험료 납부의무가 있는 자는 가입자에 대한 그 달의 보험료를 그 다음 달 10일까지 납부하여야 한다.
④ 지역가입자의 월별 보험료액은 개인 단위로 산정한다.

65 다음으로 인하여 행정처분을 받은 요양기관의 위반사실을 공표하고자 할 때 공표할 사항이 아닌 것은?

> ㉠ 거짓으로 청구한 금액이 1천 500만 원 이상인 경우
> ㉡ 요양급여비용 총액 중 거짓으로 청구한 금액의 비율이 100분의 20 이상인 경우

① 위반 행위
② 요양기관의 명칭ㆍ사업자등록번호
③ 대표자 성명
④ 해당 처분 내용

66 국민건강보험 요양급여의 기준에 관한 규칙에 따라 다음 빈칸에 들어가는 것은?

> 제5조의3(동일성분 의약품의 중복 처방ㆍ조제 제한) 가입자 등이 3개 이상의 요양기관을 방문하여 동일한 상병(傷病)으로 동일성분 의약품을 처방ㆍ조제 받을 수 있는 일수는 ( )으로 한다. 이 경우 구체적인 인정기준과 관리 등 필요한 사항은 보건복지부장관이 정하여 고시한다.

① 3개월 동안 100일 미만
② 6개월 동안 215일 미만
③ 12개월 동안 230일 미만
④ 24개월 동안 360일 미만

67 국민건강보험 요양급여의 기준에 관한 규칙에 따라 요양급여 적용기준 및 방법에 대하여 심의하기 위하여 건강보험심사평가원에 두어야 하는 것은?

① 심사제도운영위원회
② 건강보험공표심의위원회
③ 건강보험정책심의위원회
④ 재정운영위원회

68 국민건강보험 요양급여의 기준에 관한 규칙에 따라 비급여 대상을 모두 고른 것은?

> ㉠ 주근깨
> ㉡ 단순 코골음
> ㉢ 선천성 기형으로 저하된 씹는 기능 및 발음 기능을 개선하기 위한 치과교정
> ㉣ 감기몸살

① ㉠㉡   ② ㉢㉣
③ ㉡㉢   ④ ㉠㉣

69 국민건강보험 요양급여의 기준에 관한 규칙에 따라 행위·치료재료의 요양급여 결정신청을 하는 경우 행위의 경우 첨부해야 하는 서류가 아닌 것은?

① 신의료기술의 안전성·유효성 등의 평가 유예 고시, 평가결과 고시 또는 혁신의료기술 고시
② 상대가치점수의 산출근거 및 내역에 관한 자료
③ 소요장비·소요재료·약제의 제조(수입) 허가증·인증서·신고증 및 관련 자료
④ 판매예정가 산출근거 및 내역에 관한 자료

70 국민건강보험 요양급여의 기준에 관한 규칙에 따라 요양급여대상 여부의 결정신청을 받은 보건복지부장관은 정당한 사유가 없는 한 결정신청일부터 며칠 이내에 심의위원회의 심의를 거쳐 요양급여대상 또는 비급여대상에의 해당여부를 결정하여 고시해야 하는가? (서류를 송부받은 경우 제외)

① 10일
② 30일
③ 60일
④ 100일

71 국민건강보험 요양급여의 기준에 관한 규칙에 따라 ㉠에 들어가는 것은?

> 약제에 대한 평가를 신청 받은 건강보험심사평가원장은 (㉠)(진료상 필수성, 대체약제의 유무 등을 고려하여 보건복지부장관이 정하는 약제는 해당하지 않는다)에 제14항에 따른 약제급여평가위원회의 심의를 거쳐 평가(산정대상약제는 전문적 검토가 필요한 경우를 제외하고는 약제급여평가위원회의 심의를 거치지 않고 평가한다)하고 평가가 끝난 날부터 15일 이내에 다음 각 호의 사항을 신청인에게 서면 또는 전자문서로 통보해야 한다.

① 30일 이내
② 60일 이내
③ 150일 이내
④ 300일 이내

72 국민건강보험 요양급여의 기준에 관한 규칙에 따라 선별급여실시조건에서 고려해야 하는 내용으로 적절하지 않은 것은?

① 진료과목의 범위 및 종류 등에 관한 사항
② 의료시설 및 의료장비 등에 관한 사항
③ 선별급여를 받는 요양기관의 수입에 관한 사항
④ 선별급여의 실시에 따른 요양기관의 준수사항

73 국민건강보험법령에 따라 공단에서 보수월액을 결정하는 방법은?

① 통보받은 보수의 총액을 전년도 중 직장가입자가 그 사업장 등에 종사한 기간의 개월수로 나눈 금액

② 연간 보수 외 소득에서 대통령령으로 정한금액을 차감한 금액

③ 통보받은 해당 소득의 100분의 50

④ 월별 보험료액의 하한액을 보험료율로 나누어 얻은 값

74 국민건강보험법령에 따라 직장가입자에 제외되는 자는?

① 현역병

② 공무원

③ 교직원

④ 사업장의 근로자

75 국민건강보험법령에 따라 피부양자에 해당될 수 있는 사람은?

ㄱ 직장가입자
ㄴ 지역가입자의 배우자
ㄷ 직장가입자의 배우자
ㄹ 직장가입자의 형제 · 자매
ㅁ 지역가입자의 직계비속(배우자의 직계비속을 포함한다)
과 그 배우자

① ㄴㅁ

② ㄷㄹ

③ ㄱㄷ

④ ㄹㅁ

76 국민건강보험법령에 따라 건강보험의 보험자는?

① 건강보험심사평가원

② 한국보건의료연구원

③ 보건복지부

④ 국민건강보험공단

77 국민건강보험법에 따라 밑줄 친 대통령령으로 정하는 기간은?

제53조(급여의 제한) ③ 공단은 가입자가 <u>대통령령으로 정하는 기간</u> 이상 다음 각 호의 보험료를 체납한 경우 그 체납한 보험료를 완납할 때까지 그 가입자 및 피부양자에 대하여 보험급여를 실시하지 아니할 수 있다. 다만, 월별 보험료의 총체납횟수(이미 납부된 체납보험료는 총체납횟수에서 제외하며, 보험료의 체납기간은 고려하지 아니한다)가 대통령령으로 정하는 횟수 미만이거나 가입자 및 피부양자의 소득 · 재산 등이 대통령령으로 정하는 기준 미만인 경우에는 그러하지 아니하다.

① 1개월
② 2개월
③ 3개월
④ 6개월

78 국민건강보험법령에 따라 부가급여에 임신 · 출산 진료비 지원 대상은?

① 임신 · 출산한 가입자
② 6세 미만인 가입자
③ 난임부부
④ 4세 미만 영유아인 피부양자의 법정대리인

79 국민건강보험법령에 따라 법 제98조(업무정지) 제4항을 위반하여 행정처분을 받은 사실 또는 행정처분절차가 진행 중인 사실을 지체 없이 알리지 않은 경우 2차 위반을 한 경우 과태료 금액은?

① 30만원
② 100만원
③ 300만원
④ 500만원

80 다음은 국민건강보험법령에 따라 모든 지역의 상급종합병원에서 임산부 외래진료의 경우 본인일부부담금 계산방식이다. ㉠에 적절한 것은?

일반환자 : 진찰료 총액 + (요양급여비용 총액 − 진찰료총액) × (㉠   )

① 80/100
② 60/100
③ 40/100
④ 20/100

건강보험심사평가원 봉투모의고사 답안지

	1	2	3	4		21	1	2	3	4		41	1	2	3	4		61	1	2	3	4
1	①	②	③	④	21	①	②	③	④	41	①	②	③	④	61	①	②	③	④
2	①	②	③	④	22	①	②	③	④	42	①	②	③	④	62	①	②	③	④
3	①	②	③	④	23	①	②	③	④	43	①	②	③	④	63	①	②	③	④
4	①	②	③	④	24	①	②	③	④	44	①	②	③	④	64	①	②	③	④
5	①	②	③	④	25	①	②	③	④	45	①	②	③	④	65	①	②	③	④
6	①	②	③	④	26	①	②	③	④	46	①	②	③	④	66	①	②	③	④
7	①	②	③	④	27	①	②	③	④	47	①	②	③	④	67	①	②	③	④
8	①	②	③	④	28	①	②	③	④	48	①	②	③	④	68	①	②	③	④
9	①	②	③	④	29	①	②	③	④	49	①	②	③	④	69	①	②	③	④
10	①	②	③	④	30	①	②	③	④	50	①	②	③	④	70	①	②	③	④
11	①	②	③	④	31	①	②	③	④	51	①	②	③	④	71	①	②	③	④
12	①	②	③	④	32	①	②	③	④	52	①	②	③	④	72	①	②	③	④
13	①	②	③	④	33	①	②	③	④	53	①	②	③	④	73	①	②	③	④
14	①	②	③	④	34	①	②	③	④	54	①	②	③	④	74	①	②	③	④
15	①	②	③	④	35	①	②	③	④	55	①	②	③	④	75	①	②	③	④
16	①	②	③	④	36	①	②	③	④	56	①	②	③	④	76	①	②	③	④
17	①	②	③	④	37	①	②	③	④	57	①	②	③	④	77	①	②	③	④
18	①	②	③	④	38	①	②	③	④	58	①	②	③	④	78	①	②	③	④
19	①	②	③	④	39	①	②	③	④	59	①	②	③	④	79	①	②	③	④
20	①	②	③	④	40	①	②	③	④	60	①	②	③	④	80	①	②	③	④

성명	

생년월일								
	⓪	⓪	⓪	⓪	⓪	⓪	⓪	⓪
	①	①	①	①	①	①	①	①
	②	②	②	②	②	②	②	②
	③	③	③	③	③	③	③	③
	④	④	④	④	④	④	④	④
	⑤	⑤	⑤	⑤	⑤	⑤	⑤	⑤
	⑥	⑥	⑥	⑥	⑥	⑥	⑥	⑥
	⑦	⑦	⑦	⑦	⑦	⑦	⑦	⑦
	⑧	⑧	⑧	⑧	⑧	⑧	⑧	⑧
	⑨	⑨	⑨	⑨	⑨	⑨	⑨	⑨

건강보험
심사평가원

심사직(5급)

- 제 2 회 -

SEOWONGAK
(주)서원각

.

건강보험심사평가원
필기시험 모의고사

---

1 다음은 회의 관련 규정의 일부이다. 잘못 쓰여 진 글자는 모두 몇 개인가?

제22조(회의 등)

① 심의위원회의 회의는 정기회의와 임시회이로 구분한다.

② 심의위원회의 회의는 공개한다. 다만, 다음 각 호의 어느 하나에 해당하는 경우에는 심의위원회의 의결로 공개하지 아니할 수 있다.

  1. 공개하면 국가안전보장을 해칠 우려가 있는 경우

  2. 다른 법령에 따라 비밀로 분류되거나 공개가 제한된 내용이 포함되어 있는 경우

  3. 공개하면 개인·법인 및 단체의 명예를 훼손하거나 정당한 이익을 해칠 우려가 있다고 인정되는 경우

  4. 감사·인사관리 등에 관한 사항으로 공개하면 공정한 업무수행에 현저한 지장을 초래할 우려가 있는 경우

③ 심의위원회의 회의는 재직위원 과반수의 출석과 출석위원 과반수의 찬성으로 의결한다.

④ 심의위원회는 그 소관직무 중 일부를 분담하여 효율적으로 수행하기 위하여 소위원회를 두거나 특정한 분야에 대한 자분 등을 수행하기 위하여 특별위원회를 둘 수 있다.

⑤ 심의위원회의 공개되는 회의를 회의장에서 방청하려는 사람은 신분을 증명할 수 있는 신분증을 제시하고, 회의 개최 전까지 방청건을 발급받아 방청할 수 있다. 이 경우 심의위원장은 회의의 적절한 운영과 질서유지를 위하여 필요한 때에는 방청인 수를 제한하거나 방청인의 퇴장을 명할 수 있다.

⑥ 심의위원회의 회의 운영, 소위원회 또는 특별위원회의 구성 및 운영에 관하여 그 밖에 필요한 사항은 대통령영으로 정한다.

---

① 2개   ② 3개
③ 4개   ④ 5개

2 다음에 제시된 글을 보고 이 글의 목적에 대해 바르게 나타낸 것은?

제목 : 사내 신문의 발행

1. 우리 회사 직원들의 원만한 커뮤니케이션과 대외 이미지를 재고하기 위하여 사내 신문을 발간하고자 합니다.

2. 사내 신문은 홍보지와 달리 새로운 정보와 소식지로써의 역할이 기대되오니 아래의 사항을 검토하시고 재가해주시기 바랍니다.

－아 래－

㉠ 제호 : A기업
㉡ 판형 : 140 × 210mm
㉢ 페이지 : 20쪽
㉣ 출간 예정일 : 2026. 1. 1.

별첨 견적서 1부

---

① 회사에서 정부를 상대로 사업을 진행하려고 작성한 문서이다.

② 회사의 업무에 대한 협조를 구하기 위하여 작성한 문서이다.

③ 회사의 업무에 대한 현황이나 진행상황 등을 보고하고자 하는 문서이다.

④ 회사 상품의 특성을 소비자에게 설명하기 위하여 작성한 문서이다.

3 다음은 어느 공공기관에서 추진하는 '바람직한 우리 사회'를 주제로 한 포스터이다. 포스터의 주제를 가장 효과적으로 표현한 사원은?

① 甲 : 깨끗한 우리 사회, 부패 척결에서 시작합니다.
② 乙 : 밝고 따뜻한 사회, 작은 관심에서 출발합니다.
③ 丙 : 자연을 보호하는 일, 미래를 보호하는 일입니다.
④ 丁 : 맹목적인 기업 투자, 회사를 기울게 만들 수 있습니다.

4 다음 글에서 가장 중요한 요점은 무엇인가?

> 부패방지위원회
>
> 수신자 : 수신자 참조
> (경유)
> 제목 : 2025년 부패방지평가 보고대회 개최 알림
>
> 1. 귀 기관의 무궁한 발전을 기원합니다.
> 2. 지난 3년간의 부패방지 성과를 돌아보고 국가청렴도 향상을 위한 정책방안을 정립하기 위하여 2025년 부패방지평가 보고대회를 붙임(1)과 같이 개최하고자 합니다.
> 3. 동 보고대회의 원활한 진행을 위하여 붙임(2)의 협조사항을 2025년 1월 20일까지 행사준비팀에 알려주시기 바랍니다.
>
> ※ 초청장은 추후 별도 송부 예정임
>
> 붙임 (1) : 2025년 부패방지평가 보고대회 기본계획 1부
> (2) : 행사준비관련 협조사항 1부. 끝.
>
> 부패방지위원회 회장
> ○ ○ ○
> 수신자 부패방지공관 부패방지시민모임
> 기업홍보부 정의실천모임

① 수신자의 기관에 무궁한 발전을 위하여
② 초청장의 발행 여부 확인을 위하여
③ 보고대회가 개최됨을 알리기 위하여
④ 기업홍보를 위한 스폰서를 모집하기 위하여

┃5~6┃ 다음은 어느 회사 홈페이지에서 안내하고 있는 사회보장의 정의에 대한 내용이다. 물음에 답하시오.

- '사회보장'이라는 용어는 유럽에서 실시하고 있던 사회보험의 '사회'와 미국의 대공황 시기에 등장한 긴급경제보장위원회의 '보장'이란 용어가 합쳐져서 탄생한 것으로 알려져 있다. 1935년에 미국이 「사회보장법」을 제정하면서 법률명으로서 처음으로 사용되었고, 이후 사회보장이라는 용어는 전세계적으로 ㉠통용되기 시작하였다.

- 제2차 세계대전 후 국제노동기구(ILO)의 「사회보장의 길」과 영국의 베버리지가 작성한 보고서 「사회보험과 관련 서비스」 및 프랑스의 라로크가 ㉡책정한 「사회보장계획」의 영향으로 각국에서 구체적인 사회정책으로 제도화되기 시작하였다.

- 우리나라는 1962년 제5차 개정헌법 제30조 제2항에서 처음으로 '국가는 사회보장의 증진에 노력하여야 한다'고 규정하여 국가적 의무로서 '사회보장'을 천명하였고, 이에 따라 1963년 11월 5일 법률 제1437호로 전문 7개조의 「사회보장에 관한 법률」을 제정하였다.

- '사회보장'이라는 용어가 처음으로 사용된 시기에 대해서는 대체적으로 의견이 일치하고 있으며 해당 용어가 전세계적으로 ㉢파급되어 사용하고 있음에도 불구하고, '사회보장'의 개념에 대해서는 개인적, 국가적, 시대적, 학문적 관점에 따라 매우 다양하게 인식되고 있다.

- 국제노동기구는 「사회보장의 길」에서 '사회보장'은 사회구성원들에게 발생하는 일정한 위험에 대해서 사회가 적절하게 부여하는 보장이라고 정의하면서, 그 구성요소로 전체 국민을 대상으로 해야 하고, 최저생활이 보장되어야 하며 모든 위험과 사고가 보호되어야 할뿐만 아니라 공공의 기관을 통해서 보호나 보장이 이루어져야 한다고 하였다.

- 우리나라는 사회보장기본법 제3조 제1호에 의하여 "사회보장"이란 출산, ㉣양육, 실업, 노령, 장애, 질병, 빈곤 및 사망 등의 사회적 위험으로부터 모든 국민을 보호하고 국민 삶의 질을 향상 시키는데 필요한 소득·서비스를 보장하는 사회보험, 공공㉤부조, 사회서비스를 말한다'라고 정의하고 있다.

5 사회보장에 대해 잘못 이해하고 있는 사람은?

① 영은 : '사회보장'이라는 용어가 법률명으로 처음 사용된 것은 1935년 미국에서였대.

② 원일 : 각국에서 사회보장을 구체적인 사회정책으로 제도화하기 시작한 것은 제2차 세계대전 이후구나.

③ 지민 : 사회보장의 개념은 어떤 관점에서 보느냐에 따라 매우 다양하게 인식될 수 있겠군.

④ 정현 : 국제노동기구의 입장에 따르면 개인에 대한 개인의 보호나 보장 또한 사회보장으로 볼 수 있어.

6 밑줄 친 단어가 한자로 바르게 표기된 것은?

① ㉠ 통용 – 通容 　　② ㉡ 책정 – 策正
③ ㉢ 파급 – 波及 　　④ ㉣ 양육 – 羊肉

7 다음은 ○○기업의 입사지원서 중 자기소개서 평가의 일부이다. 이를 통해 기업이 평가하려고 하는 직업기초능력으로 적절한 것을 모두 고른 것은?

▶ 모집 분야 : ○○기업 고객 상담 센터
 – 고객과 상담 도중 고객의 의도를 정확하게 파악하여 자신의 뜻을 효과적으로 전달할 수 있는 방안을 서술하시오.
 – 예상하지 못했던 문제로 계획했던 일이 진행되지 않았을 때, 문제가 발생한 원인을 정확하게 파악하고 해결했던 경험을 서술하시오.

㉠ 수리능력	㉡ 자원관리능력
㉢ 문제해결능력	㉣ 의사소통능력

① ㉠㉡ 　　　　② ㉠㉢
③ ㉡㉢ 　　　　④ ㉢㉣

8 다음 두 글에서 '이것'에 대한 설명으로 가장 적절한 것은?

어느 지역에 대형 쇼핑몰 건설 계획이 발표되었다. 이에 대해 지역 주민들의 반응은 크게 엇갈렸다. 일부 주민들은 해당 계획이 지역 경제를 활성화하고 일자리를 창출할 것이라며 긍정적으로 평가하였다. 반면, 다른 주민들은 교통 혼잡과 소상공인의 피해를 우려하며 반대 입장을 보였다. 흥미로운 점은 양측 모두 동일한 사실을 바탕으로 판단하고 있음에도 불구하고 전혀 다른 결론에 도달했다는 것이다. 찬성하는 주민들은 지역 발전과 경제 성장이라는 관점에서 상황을 바라보았고, 반대하는 주민들은 생활환경과 기존 상권 보호라는 관점에서 문제를 인식하였다.

이것은 특정한 관점을 기준으로 정보를 선택하고 해석하는 데 동일한 대상이나 사건에 대해서도 서로 다른 의미를 부여하게 만들며, 개인이나 집단의 판단과 태도에 중요한 영향을 미친다. 따라서 어떤 사안을 이해할 때에는 특정한 관점에만 머무르기보다, 다양한 이것을 고려하여 균형 있게 바라보려는 태도가 필요하다.

① 자기 자신의 관심에 따라 세상을 규정하는 사고방식이다.
② 자기 자신에 의존하여 모든 것을 결정하는 욕구이다.
③ 특정한 부분에 순간적으로 집중하여 선택적으로 지각하는 능력이다.
④ 자기 자신의 경험과 인식이 정확하고 객관적이라고 믿는 입장이다.

9 다음 토론의 '입론'에 대한 이해로 적절하지 못한 것은?

찬성 1 : 저는 한식의 표준화가 필요하다고 생각합니다. 이를 위해 한국을 대표하는 음식들의 조리법부터 표준화해야 합니다. 한식의 조리법은 복잡한 데다 계량화되어 있지 않은 경우가 많아서 조리하는 사람에 따라 많은 차이가 나게 됩니다. 게다가 최근에는 한식 고유의 맛과 모양에서 많이 벗어난 음식들까지 등장하여 한식 고유의 맛과 정체성을 흔들고 있습니다. 따라서 한국을 대표하는 음식들부터 식자재 종류와 사용량, 조리하는 방법 등을 일정한 기준에 따라 통일해 놓으면 한식 고유의 맛과 정체성을 지키는 데 큰 도움이 될 것입니다.

반대 2 : 한식의 표준화가 획일화를 가져와 한식의 다양성을 훼손할 수 있다는 생각은 안 해 보셨나요?

찬성 1 : 물론 해 보았습니다. 한식의 표준화가 한식의 다양성을 훼손할 수도 있지만, 한식 고유의 맛과 정체성을 지키기 위해서는 꼭 필요한 일입니다.

사회자 : 찬성 측 토론자의 입론과 이에 대한 교차 조사를 잘 들었습니다. 이어서 반대 측 토론자가 입론을 해 주시기 바랍니다.

반대 1 : 한식 고유의 맛과 정체성은 다른 데 있는 게 아니라 조리하는 사람의 깊은 손맛에 있다고 봅니다. 그런데 한식을 섣불리 표준화하면 이러한 한식 고유의 손맛을 잃어 버려 한식 고유의 맛과 정체성이 오히려 더 크게 훼손될 것입니다.

찬성 1 : 한식 조리법을 표준화하면 손맛을 낼 수 없다는 말씀이신가요?

반대 1 : 손맛은 조리하는 사람마다의 경험과 정성에서 우러나오는 것인데, 조리법을 표준화하면 음식에 이러한 것들을 담기 어려울 것입니다.

사회자 : 이어서 찬성과 반대 측 토론자의 두 번째 입론을 시작하겠습니다. 교차 조사도 함께 진행해 주시기 바랍니다.

찬성 2 : 저는 한식의 표준화가 한식의 세계화를 위해서도 꼭 필요하다고 생각합니다. 최근 케이팝(K-pop)과 드라마 등 한국 대중문화가 세계 속에 널리 알려지면서 우리 음식에 대한 세계인들의 관심이 점점 높아지고 있는데, 한식의 조리법이 표준화되어 있지 않아서 이것이 한식의 세계화에 걸림돌이 되고 있습니다. 얼마 전 외국의 한식당에 가 보니 소금에 절이지도 않은 배추를 고춧가루 양념에만 버무려 놓고, 이것을 김치로 판매하고 있더군요. 이런 문제들이 해결되어야 한식의 세계화가 원활하게 이루어질 것입니다.

반대 1 : 그것은 한식의 표준화보다 정책 당국의 관심과 적극적인 홍보를 통해 해결할 수 있는 문제가 아닐까요?

찬성 2 : 물론 그렇습니다. 그런데 한식의 표준화가 이루어져 있다면 정부의 홍보도 훨씬 쉬워질 것입니다.

반대 2 : 표준화가 되어 있지 않아도 외국에서 큰 호응을 얻고 있는 한식당들이 최근 점점 늘어가고 있습니다. 이런 추세를 감안할 때, 한식의 표준화가 한식의 세계화를 위해 꼭 필요한 것은 아니라고 생각합니다. 인도는 카레로 유명한 나라지만 표준화된 인도식 카레 같은 것은 없지 않습니까?

그리고 음식의 표준을 정한다는 것도 현실적으로 가능한 것인지 모르겠습니다. 세계인들의 입맛은 우리와 다르고 또 다양할 텐데 한식을 표준화하는 것은 오히려 한식의 세계화를 어렵게 할 수 있습니다.

① '찬성 1'은 한식 조리법의 특성과 최근의 부정적 상황을 논거로 제시하고 있다.

② '반대 1'은 한식의 표준화가 초래할 수 있는 부작용을 논거로 제시하고 있다.

③ '찬성 2'는 한식의 표준화가 여러 대안들 중 최선의 선택이라는 점을 부각하고 있다.

④ '반대 2'는 현황과 사례를 들어 한식의 표준화가 필요하지 않다는 논지를 강화하고 있다.

10 다음 주어진 문장이 참이라 할 때, 항상 참이 되는 말은?

- 사과를 좋아하는 사람은 바나나도 좋아한다.
- 치즈를 좋아하는 사람은 사과도 좋아한다.
- 바나나를 좋아하는 사람은 멜론을 좋아한다.

① 바나나를 좋아하는 사람은 사과도 좋아한다.

② 멜론을 좋아하는 사람은 바나나도 좋아한다.

③ 사과를 좋아하지 않는 사람은 바나나도 좋아하지 않는다.

④ 멜론을 좋아하지 않는 사람은 사과도 좋아하지 않는다.

11 함께 여가를 보내려는 A, B, C, D, E 다섯 사람의 자리를 원형 탁자에 배정하려고 한다. 다음 글을 보고 옳은 것을 고르면?

- A 옆에는 반드시 C가 앉아야 된다.
- D의 맞은편에는 A가 앉아야 된다.
- 여가시간을 보내는 방법은 책읽기, 수영, 영화 관람이다.
- C와 E는 취미생활을 둘이서 같이 해야 한다.
- B와 C는 취미가 같다.

① A의 오른편에는 B가 앉아야 한다.

② B가 책읽기를 좋아한다면 E도 여가 시간을 책읽기로 보낸다.

③ B는 E의 옆에 앉아야 한다.

④ A와 D 사이에 C가 앉아있다.

12 다음 글과 〈법조문〉을 근거로 판단할 때, 甲이 乙에게 2,000만 원을 1년간 빌려주면서 선이자로 800만 원을 공제하고 1,200만 원만을 준 경우, 乙이 갚기로 한 날짜에 甲에게 전부 변제하여야 할 금액은?

돈이나 물품 등을 빌려 쓴 사람이 돈이나 같은 종류의 물품을 같은 양만큼 갚기로 하는 계약을 소비대차라 한다. 소비대차는 이자를 지불하기로 약정할 수 있고, 그 이자는 일정한 이율에 의하여 계산한다. 이런 이자는 돈을 빌려주면서 먼저 공제할 수도 있는데, 이를 선이자라 한다. 한편 약정 이자의 상한에는 법률상의 제한이 있다.

〈법조문〉

제00조
① 금전소비대차에 관한 계약상의 최고이자율은 연 30%로 한다.

② 계약상의 이자로서 제1항에서 정한 최고이자율을 초과하는 부분은 무효로 한다.

③ 약정금액(당초 빌려주기로 한 금액)에서 선이자를 사전 공제한 경우, 그 공제액이 '채무자가 실제 수령한 금액'을 기준으로 하여 제1항에서 정한 최고이자율에 따라 계산한 금액을 초과하면 그 초과부분은 약정금액의 일부를 변제한 것으로 본다.

① 760만 원   ② 1,000만 원

③ 1,560만 원   ④ 1,640만 원

13 다음은 정부에서 지원하는 〈귀농인 주택시설 개선사업 개요〉와 〈심사 기초 자료〉이다. 이를 근거로 판단할 때, 지원대상 가구만을 모두 고르면?

〈귀농인 주택시설 개선사업 개요〉

□ 사업목적 : 귀농인의 안정적인 정착을 도모하기 위해 일정 기준을 충족하는 귀농가구의 주택 개·보수 비용을 지원

□ 신청자격 : △△군에 소재하는 귀농가구 중 거주기간이 신청마감일(2025. 4. 30.) 현재 전입일부터 6개월 이상이고, 가구주의 연령이 20세 이상 60세 이하인 가구

□ 심사기준 및 점수 산정방식
• 신청마감일 기준으로 다음 심사기준별 점수를 합산한다.
• 심사기준별 점수
  (1) 거주기간 : 10점(3년 이상), 8점(2년 이상 3년 미만), 6점(1년 이상 2년 미만), 4점(6개월 이상 1년 미만)
    ※ 거주기간은 전입일부터 기산한다.
  (2) 가족 수 : 10점(4명 이상), 8점(3명), 6점(2명), 4점(1명)
    ※ 가족 수에는 가구주가 포함된 것으로 본다.
  (3) 영농규모 : 10점(1.0 ha 이상), 8점(0.5 ha 이상 1.0 ha 미만), 6점(0.3 ha 이상 0.5 ha 미만), 4점(0.3 ha 미만)
  (4) 주택노후도 : 10점(20년 이상), 8점(15년 이상 20년 미만), 6점(10년 이상 15년 미만), 4점(5년 이상 10년 미만)
  (5) 사업시급성 : 10점(매우 시급), 7점(시급), 4점(보통)

□ 지원내용
• 예산액 : 5,000,000원
• 지원액 : 가구당 2,500,000원
• 지원대상 : 심사기준별 점수의 총점이 높은 순으로 2가구. 총점이 동점일 경우 가구주의 연령이 높은 가구를 지원. 단, 하나의 읍·면당 1가구만 지원 가능

〈심사 기초 자료(2025. 4. 30. 현재)〉

귀농가구	가구주 연령(세)	주소지(△△군)	전입일	가족 수(명)	영농규모(ha)	주택노후도(년)	사업시급성
甲	49	A	2021. 12. 30	1	0.2	17	매우 시급
乙	48	B	2024. 5. 30	3	1.0	13	매우 시급
丙	56	B	2023. 7. 30	2	0.6	23	매우 시급
丁	60	C	2024. 12. 30	4	0.4	13	시급

① 甲, 乙　　　　　② 甲, 丙

③ 乙, 丙　　　　　④ 乙, 丁

14 민수와 동기 두 사람이 다음과 같이 게임을 하고 있다. 만약 같은 수의 앞면이 나오면 동기가 이긴다고 할 때 민수가 이길 수 있는 확률은 얼마인가?

• 민수는 10개의 동전을 던진다.
• 동기는 11개의 동전을 민수와 동시에 던진다.
• 민수가 동기보다 앞면의 개수가 많이 나오면 민수가 이긴다.
• 그렇지 않으면 동기가 이긴다.

---

① 10%　　　　　② 25%

③ 50%　　　　　④ 75%

15 아래 표는 어떤 보험 회사에 하루 동안 청구되는 보상 건수와 확률이다. 이틀 연속으로 청구된 보상 건수의 합이 2건 미만일 확률은? (단, 첫째 날과 둘째 날에 청구되는 보상건수는 서로 무관하다.)

보상 건수	0	1	2	3 이상
확률	0.4	0.3	0.2	0.1

① 0.4
② 0.5
③ 0.6
④ 0.7

16 어느 학교에서 500명의 학생들을 대상으로 A, B, C 3가지의 시험을 시행하여 다음과 같은 결과를 얻었다. A, B, C 시험에 모두 불합격한 학생은 몇 명인가?

- A의 합격자는 110명, B의 불합격자는 250명, C의 합격자는 200명이다.
- A와 C 모두에 합격한 학생은 45명, B와 C 모두에 합격한 학생은 60명이다.
- B에만 합격한 학생은 90명이다.
- 3가지 시험 모두에 합격한 학생은 30명이다.

① 140명
② 145명
③ 150명
④ 155명

17 A기업은 신제품을 개발한 후 가격을 결정하기 위하여 시장조사를 하여 다음과 같은 결과를 얻었다. 이 결과를 감안할 때 판매 총액이 최대가 되는 신제품의 가격은 얼마인가?

- 가격을 10만 원으로 하면 총 360대가 팔린다.
- 가격을 1만 원 올릴 때마다 판매량은 20대씩 줄어든다.

① 11만 원
② 12만 원
③ 13만 원
④ 14만 원

18 다음은 2025년 A동에 '가 ~ 다' 지역의 아파트 실거래 가격지수를 나타낸 것이다. 이에 대한 설명으로 옳은 것은?

월 \ 지역	가	나	다
1	100.0	100.0	100.0
2	101.1	101.6	99.9
3	101.9	103.2	100.0
4	102.6	104.5	99.8
5	103.0	105.5	99.6
6	103.8	106.1	100.6
7	104.0	106.6	100.4
8	105.1	108.3	101.3
9	106.3	110.7	101.9
10	110.0	116.9	102.4
11	113.7	123.2	103.0
12	114.8	126.3	102.6

※ N월 아파트 실거래 가격지수
$= \dfrac{\text{해당 지역의 } N \text{월 아파트 실거개 가격}}{\text{해당 지역의 1월 아파트 실거래 가격}} \times 100$

① '가' 지역의 12월 아파트 실거래 가격은 '다' 지역의 12월 아파트 실거래 가격보다 높다.
② '나' 지역의 아파트 실거래 가격은 다른 두 지역의 아파트 실거래 가격보다 매월 높다.
③ '다' 지역의 1월 아파트 실거래 가격과 3월 아파트 실거래 가격은 같다.
④ '다' 지역의 1/4분기 아파트 실거래 가격은 4/4분기 아파트 실거래 가격보다 높다.

19 甲기업은 다음 기준에 따라 사망조위금을 지급하고 있다. 기준을 근거로 판단할 때 옳게 판단한 직원을 모두 고르면? (단, 사망조위금은 최우선 순위의 수급권자 1인에게만 지급한다)

〈사망조위금 지급기준〉

사망자	수급권자 순위	
직원의 배우자 · 부모 (배우자의 부모 포함) · 자녀	해당 직원이 1인인 경우	해당 직원
	해당 직원이 2인 이상인 경우	1. 사망한 자의 배우자인 직원 2. 사망한 자를 부양하던 직계비속인 직원 3. 사망한 자의 최근친 직계비속인 직원 중 최연장자 4. 사망한 자의 최근친 직계비속의 배우자인 직원 중 최연장자 직계비속의 배우자인 직원
직원 본인	1. 사망한 직원의 배우자 2. 사망한 직원의 직계비속 중 직원 3. 장례와 제사를 모시는 자 중 아래의 순위 　가. 사망한 직원의 최근친 직계비속 중 최연장자 　나. 사망한 직원의 최근친 직계존속 중 최연장자 　다. 사망한 직원의 형제자매 중 최연장자	

> 甲 : 乙기업의 직원인 A와 B는 부부이며 甲기업 직원인 C(37세)와 D(32세)를 자녀로 두고 있다. D가 부모님을 부양하던 상황에서 A가 사망하였다면, 사망조위금 최우선 순위 수급권자는 D이다.
> 乙 : 甲기업을 다니고 있는 A와 B는 부부로 乙기업을 다니는 C를 아들로 두고 있다. 甲기업을 다니는 D는 C의 아내이다. 만약 C가 사망하였다면, 사망조위금 최우선 순위 수급권자는 A이다.
> 丙 : 甲기업 직원인 A와 丙기업 직원인 B는 부부이며 乙기업 직원인 C(37세)와 D(32세)를 자녀로 두고 있다. A가 사망하고 C와 D가 장례와 제사를 모시는 경우, 사망조위금 최우선 순위 수급권자는 C이다.

① 甲 　　　　　　　② 乙
③ 丙 　　　　　　　④ 甲, 乙

20 다음은 2008 ～ 2017년 5개 자연재해 유형별 피해금액에 관한 자료이다. 이에 대한 설명으로 옳은 것만을 모두 고른 것은?

〈5개 자연재해 유형별 피해금액〉

(단위 : 억 원)

연도 유형	2008	2009	2010	2011	2012	2013	2014	2015	2016	2017
태풍	3,416	1,385	118	1,609	9	0	1,725	2,183	8,765	17
호우	2,150	3,520	19,063	435	581	2,549	1,808	5,276	384	1,581
대설	6,739	5,500	52	74	36	128	663	480	204	113
강풍	0	93	140	69	11	70	2	0	267	9
풍랑	0	0	57	331	0	241	70	3	0	0
전체	12,305	10,498	19,430	2,518	637	2,988	4,268	7,942	9,620	1,720

> ㉠ 2008 ～ 2017년 강풍 피해금액 합계는 풍랑 피해금액 합계보다 적다.
> ㉡ 2016년 태풍 피해금액은 2016년 5개 자연재해 유형 전체 피해금액의 90% 이상이다.
> ㉢ 피해금액이 매년 10억 원보다 큰 자연재해 유형은 호우뿐이다.
> ㉣ 피해금액이 큰 자연재해 유형부터 순서대로 나열하면 2014년과 2015년의 순서는 동일하다.

① ㉠㉡ 　　　　　　② ㉠㉢
③ ㉢㉣ 　　　　　　④ ㉠㉡㉣

21 다음은 마야의 상형 문자를 기반으로 한 프로그램에 대한 설명이다. 제시된 (그림 4)가 산출되기 위해서 입력한 값은 얼마인가?

현재 우리는 기본수로 10을 사용하는 데 비해 이 프로그램은 마야의 상형 문자를 기본으로 하여 기본수로 20을 사용했습니다. 또 우리가 오른쪽에서 왼쪽으로 가면서 1, 10, 100으로 10배씩 증가하는 기수법을 쓰는 데 비해, 이 프로그램은 아래에서 위로 올라가면서 20배씩 증가하는 방법을 사용했습니다. 즉, 아래에서 위로 자리가 올라갈수록 1, 20, ……, 이런 식으로 증가하는 것입니다.

마야의 상형 문자에서 조개껍데기 모양은 0을 나타냅니다. 또한 점으로는 1을, 선으로는 5를 나타냈습니다. 아래의 (그림 1), (그림 2)는 이 프로그램에 0과 7을 입력했을 때 산출되는 결과입니다. 그럼 (그림 3)의 결과를 얻기 위해서는 얼마를 입력해야 할까요? 첫째 자리는 5를 나타내는 선이 두 개 있으니 10이 되겠고, 둘째 자리에 있는 점 하나는 20을 나타내는데, 점이 두 개 있으니 40이 되겠네요. 그래서 첫째 자리의 10과 둘째 자리의 40을 합하면 50이 되는 것입니다. 즉, 50을 입력하면 (그림 3)과 같은 결과를 얻을 수 있습니다.

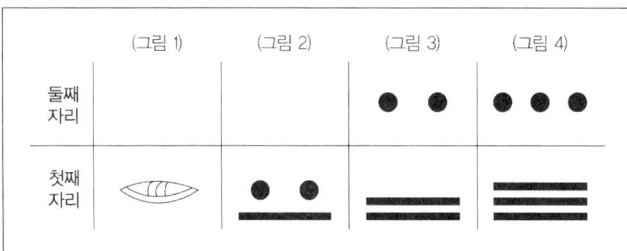

① 60
② 75
③ 90
④ 105

22 다음 표는 지역별 대형마트 수의 증감에 대한 자료이다. 2011년 대형마트 수가 가장 많은 지역과 가장 적은 지역을 바르게 짝지은 것은?

(단위 : %, 개)

지역	11년 대비 12년 증감률	12년 대비 13년 증감수	13년 대비 14년 증감수	14년 대형마트 수
A	12	1	-1	15
B	15	0	-1	10
C	-10	1	-3	6
D	-14	-3	2	6

※ 2011년 대비 2012년 증감률은 소수점 아래 첫째 자리에서 반올림한 값임.

	가장 많은 지역	가장 적은 지역
①	A	B
②	B	C
③	C	A
④	A	D

23 다음은 고객 A, B의 금융 상품 보유 현황을 나타낸 것이다. 이에 대한 설명으로 옳은 것만을 모두 고른 것은?

(단위 : 백만 원)

상품\고객	보통 예금	정기 적금	연금보험(채권형)	주식	수익증권(주식형)
A	5	10	6	6	4
B	9	9	5	6	4

㉠ 고객 A는 B보다 요구불 예금의 금액이 더 작다.
㉡ 고객 B는 배당수익보다 이자수익을 받을 수 있는 금융 상품의 금액이 크다.
㉢ 고객 B는 A보다 자산운용회사에 위탁한 금융 상품의 금액이 더 크다.

① ㉠
② ㉢
③ ㉠㉡
④ ㉡㉢

24 甲공단에 근무하는 乙은 빈곤과 저출산 문제를 해결하기 위한 대안을 분석 중이다. 상황이 다음과 같을 때, 대안별 월 소요 예산 규모를 비교한 것으로 옳은 것은?

◈ 현재 상황
• 전체 1,500가구는 자녀 수에 따라 네 가지 유형으로 구분할 수 있는데, 그 구성은 무자녀 가구 300가구, 한 자녀 가구 600가구, 두 자녀 가구 500가구, 세 자녀 이상 가구 100가구이다.
• 전체 가구의 월 평균 소득은 200만 원이다.
• 각 가구 유형의 30%는 맞벌이 가구이다.
• 각 가구 유형의 20%는 빈곤 가구이다.

◈ 대안
A안 : 모든 빈곤 가구에게 전체 가구 월 평균 소득의 25%에 해당하는 금액을 가구당 매월 지급한다.
B안 : 한 자녀 가구에는 10만 원, 두 자녀 가구에는 20만 원, 세 자녀 이상 가구에는 30만 원을 가구당 매월 지급한다.
C안 : 자녀가 있는 모든 맞벌이 가구에 자녀 1명당 30만 원을 매월 지급한다. 다만 세 자녀 이상의 맞벌이 가구에는 일률적으로 가구당 100만 원을 매월 지급한다.

① A < B < C
② A < C < B
③ B < A < C
④ C < A < B

25 작업 A부터 작업 E까지 모두 완료해야 끝나는 업무에 대한 조건이 다음과 같을 때 옳지 않은 것은? (단, 모든 작업은 동일 작업장 내에서 행하여진다)

㉠ 작업 A는 4명의 인원과 10일의 기간이 소요된다.
㉡ 작업 B는 2명의 인원과 20일의 기간이 소요되며, 작업 A가 끝난 후에 시작할 수 있다.
㉢ 작업 C는 4명의 인원과 50일의 기간이 소요된다.
㉣ 작업 D와 E는 각 작업 당 2명의 인원과 20일의 기간이 소요되며, 작업 E는 작업 D가 끝난 후에 시작할 수 있다.
㉤ 모든 인력은 작업 A~E까지 모두 동원될 수 있으며 생산력은 모두 같다.
㉥ 인건비는 1인당 1일 10만 원이다.
㉦ 작업장 사용료는 1일 50만 원이다.

① 업무를 가장 빨리 끝낼 수 있는 최단 기간은 50일이다.
② 최단 기간에 업무를 끝내기 위해 필요한 최소 인력은 10명이다.
③ 작업 가능한 인력이 4명뿐이라면 업무를 끝낼 수 있는 기간은 100일이다.
④ 모든 작업을 끝내는데 드는 최소 비용은 6,100만 원이다.

26 부모를 대상으로 부모 – 자녀 간 대화의 실태를 조사하고자 한다. 아래 설문지에 추가해야 할 문항으로 가장 적절한 것은?

• 일주일에 자녀와 몇 번 대화를 하십니까?
• 자녀와 부모님 중 누가 먼저 대화를 시작하십니까?
• 자녀와의 정서적 대화가 얼마나 중요하다고 생각하십니까?
• 직접 대화 외에 다른 대화 방법(예 이메일, 편지 등)을 활용하십니까?

① 선호하는 대화의 장소는 어디입니까?
② 우울하십니까?
③ 직장에 다니십니까?
④ 자녀와 하루에 대화하는 시간은 어느 정도입니까?

27 다음 글의 내용과 거리가 먼 것은?

최근 아이들의 급격한 시력저하를 걱정하는 부모들이 늘고 있다. 초중고생은 물론이며 이제 유치원생까지 안경을 써야 할 정도로 시력이 나빠지고 있는 추세이다. 국민건강보험공단에 따르면 2016년~2025년 사이에 19세 이하 아동·청소년 근시 환자는 약 55만 4,642명(2016년)에서 약 87만 6,950명(2025년)으로 58.1% 포인트나 증가했다. 선진국보다 다섯 배나 많은 수치다. 아이뿐 아니라 성인도 눈에 피로를 방치하면 안구건조증 같은 안구질환에 걸리기 쉽게 된다. 실제로 오랫동안 스마트폰이나 모니터를 보면서 일하는 직장인 중 안구건조증으로 고생하는 사람이 많다. 하루 4시간 넘게 게임을 즐기는 청소년 역시 안구건조증으로 병원을 찾는다.

① 오랫동안 스마트폰이나 모니터를 보면서 일하는 성인들도 안구건조증이 나타난다.
② 우리나라 아동·청소년의 근시 비율이 선진국에 비해 월등히 높다.
③ 선진국일수록 아동·청소년의 근시 비율이 높다.
④ 2016년에 비해 2025년의 아동·청소년 근시 환자가 약 32만 명 더 많다.

28 다음에 해당하는 언어의 기능은?

이 기능은 우리가 세계를 이해하는 정도에 비례하여 수행된다. 그러면 세계를 이해한다는 것은 무엇인가? 그것은 이 세상에 존재하는 사물에 대하여 이름을 부여함으로써 발생하는 것이다. 여기 한 그루의 나무가 있다고 하자. 그런데 그것을 나무라는 이름으로 부르지 않는 한 그것은 나무로서의 행세를 못한다. 인류의 지식이라는 것은 인류가 깨달아 알게 되는 모든 대상에 대하여 이름을 붙이는 작업에서 형성되는 것이라고 말해도 좋다. 어떤 사물이건 거기에 이름이 붙으면 그 사물의 개념이 형성된다. 다시 말하면, 그 사물의 의미가 확정된다. 그러므로 우리가 쓰고 있는 언어는 모두가 사물을 대상화하여 그것에 의미를 부여하는 이름이라고 할 수 있다.

① 정보적 기능   ② 친교적 기능
③ 명령적 기능   ④ 관어적 기능

29 다음의 글을 읽고 박 대리가 저지른 실수를 바르게 이해한 것은?

직장인 박 대리는 매주 열리는 기획회의에서 처음으로 발표를 할 기회를 얻었다. 박 대리는 자신이 할 수 있는 문장실력을 총 동원하여 4페이지의 기획안을 작성하였다. 기획회의가 열리고 박 대리는 기획안을 당당하게 읽기 시작하였다. 2페이지를 막 읽으려던 때, 부장이 한 마디를 했다. "박 대리, 그걸 전부 읽을 셈인가? 결론이 무엇인지만 말하지." 그러자 박 대리는 자신이 작성한 기획안을 전부 발표하지 못하고 중도에 대충 결론을 맺어 발표를 마무리하게 되었다.

① 박 대리의 기획안에는 첨부파일이 없었다.
② 박 대리의 발표는 너무 시간이 길었다.
③ 박 대리의 기획안에는 참신한 아이디어가 없었다.
④ 박 대리의 발표는 간결하지 못하고 시각적인 부분이 부족했다.

┃30~31┃ 다음 글을 읽고 물음에 답하시오.

(가) 바야흐로 "21세기는 문화의 세기가 될 것이다."라는 전망과 주장은 단순한 바람의 차원을 넘어서 보편적 현상으로 인식되고 있다. 이러한 현상은 세계 질서가 유형의 자원이 힘이 되었던 산업사회에서 눈에 보이지 않는 무형의 지식과 정보가 경쟁력의 원천이 되는 지식 정보 사회로 재편되는 것과 맥을 같이 한다.
(나) 지금까지의 산업사회에서 문화와 경제는 각각 독자적인 영역을 유지해 왔다. 그러나 지식정보사회에서는 경제성장에 따라 소득 수준이 향상되고 교육 기회가 확대되면서 물질적 풍요를 뛰어넘는 삶의 질을 고민하게 되었고, 모든 재화와 서비스를 선택할 때 기능성을 능가하는 문화적, 미적 가치를 고려하게 되었다.

(다) 이제 문화는 배부른 자나 유한계급의 전유물이 아니라 생활 그 자체가 되었다. 고급문화와 대중문화의 경계가 무너지고 장르 간 구분이 모호해지면서 서로 다른 문화가 뒤섞여 새로운 문화가 생겨나고 있다. 이렇게 해서 나타나는 퓨전 문화가 대중적 관심을 끌고 있는 가운데 이율배반적인 것처럼 보였던 문화와 경제의 공생 시대가 열린 것이다.

(라) 특히 경제적 측면에서 문화는 고전 경제학에서 말하는 생산의 3대 요소인 토지·노동·자본을 대체하는 생산 요소가 되었을 뿐만 아니라 경제적 자본 이상의 주요한 자본이 되고 있다.

30 주어진 글의 내용과 일치하지 않는 것은?

① 문화와 경제가 서로 도움이 되는 보완적 기능을 하는 공생 시대가 열렸다.

② 산업사회에서 문화와 경제는 각각 독자적인 영역을 유지해 왔다.

③ 이제 문화는 부유층의 전유물이 아니라 생활 그 자체가 되었다.

④ 고급문화와 대중문화가 각자의 영역을 확고히 굳히며 그 깊이를 더하고 있다.

31 주어진 글의 흐름에서 볼 때 아래의 글이 들어갈 적절한 곳은?

뿐만 아니라 정보통신이 급격하게 발달함에 따라 세계 각국의 다양한 문화를 보다 빠르게 수용하면서 문화적 욕구와 소비를 가속화시켰고, 그 상황 속에서 문화와 경제는 서로 도움이 되는 보완적 기능을 하게 되었다.

① (가) 앞
② (가)와 (나) 사이
③ (나)와 (다) 사이
④ (다)와 (라) 사이

32 다음과 같이 상사 앞으로 팩스 전송된 심포지엄 초청장을 수령하였다. 상사는 현재 출장 중이며 5월 29일 귀국 예정이다. 부하직원의 대처로서 가장 적절하지 않은 것은?

1. 일시 : 2025년 5월 31일 13:30~17:00
2. 장소 : 미래연구소 5층 회의실
3. 기타 : 회원(150,000원) / 비회원(200,000원)
4. 발표주제 : 지식경영의 주체별 역할과 대응방향
   A. 국가 : 지식국가로 가는 길(미래 연구소 류상영 실장)
   B. 기업 : 한국기업 지식경영모델(S연수원 김영수 이사)
   C. 지식인의 역할과 육성방안(S연수원 황철 이사)
5. 문의 및 연락처 : 송수현 대리(전화 02-00000-0000)

① 상사의 일정가능여부 확인 후 출장 중에 있는 상사에게 간략하게 심포지엄 내용을 보고한다.

② 선임 대리에게 연락하여 참여인원 제한여부 등 관련 정보를 수집한다.

③ 상사가 이미 5월 31일 다른 일정이 있으므로 선임 대리에게 상사가 참석 불가능하다는 것을 알린다.

④ 상사에게 대리참석여부를 확인하여 관련자에게 상사의 의사가 전달될 수 있도록 한다.

33 다음은 늘푸른 테니스회 모임의 회원명단이다. 적당한 분류법에 대한 설명 중 가장 적절한 것은?

금철영	손영자	한미숙	정민주	허민홍
김상진	나영주	채진경	박일주	송나혜
남미영	송진주	이기동	임창주	이종하
백승일	하민영	박종철	강철민	고대진

① 남녀 구분한 후 명칭별로 정리하여 색인 카드가 필요하다.

② 지역별로 분류한 다음에 명칭별로 구분하여 장소에 따른 문서의 집합이 가능하다.

③ 명칭별 분류에 따라 정리하여 색인이 불필요하다.

④ 주민등록번호별 정리방법을 이용하여 회원의 보안성을 유지하도록 한다.

34 직업이 각기 다른 A, B, C, D 네 사람이 여행을 떠나기 위해 기차의 한 차 안에 앉아 있다. 네 사람은 모두 색깔이 다른 옷을 입었고 두 사람씩 얼굴을 마주하고 앉아 있다. 그 중 두 사람은 창문 쪽에, 나머지 두 사람은 통로 쪽에 앉아 있으며 다음과 같은 사실들을 알고 있다. 다음에서 이 모임의 회장과 부회장의 직업을 순서대로 바르게 짝지은 것은?

(ㄱ) 경찰은 B의 왼쪽에 앉아 있다.

(ㄴ) A는 파란색 옷을 입고 있다.

(ㄷ) 검은색 옷을 입고 있는 사람은 의사의 오른쪽에 앉아 있다.

(ㄹ) D의 맞은편에 외교관이 앉아 있다.

(ㅁ) 선생님은 초록색 옷을 입고 있다.

(ㅂ) 경찰은 창가에 앉아 있다.

(ㅅ) 갈색 옷을 입은 사람이 모임 회장이며, 파란색 옷을 입은 사람이 부회장이다.

(ㅇ) C와 D는 서로 마주보고 앉아있다.

---

① 회장 – 의사　　　　　　　부회장 – 외교관

② 회장 – 의사　　　　　　　부회장 – 경찰

③ 회장 – 경찰　　　　　　　부회장 – 의사

④ 회장 – 외교관　　　　　　부회장 – 선생님

35 민희는 ㈜ □□의 입사 5년차 대리이다. 회사에서 직원들과 함께 서울–강릉 KTX를 이용해 워크숍 장소에 도착했다. 잠시 일정을 체크하던 중 민희는 휴대폰 날씨를 검색하게 되었다. 현재 민희가 보고 있는 휴대폰 날씨 정보에 대한 검색 내용을 기반으로 서술된 내용 중 가장 바르지 않은 것을 고르면? (워크숍 일정 : 5/28~5/30일, 워크숍 장소 도착시간 : 5월 28일 오후 3시 기준)

① 민희는 현재 휴대폰 날씨를 시간별 예보로 설정해서 보고 있다.

② 민희가 날씨 정보를 검색하고 있는 현재 시간의 온도는 26.4℃이며 맑은 상태를 보이고 있다.

③ 워크숍 첫날인 28일 밤 9시에는 폭설이 예상된다.

④ 민희가 날씨 정보를 검색하고 있는 현재 상태에서 비가 내리지 않음을 알 수 있다.

┃36~37┃ 다음 사례를 읽고 물음에 답하시오.

A그룹의 오대리는 상사로부터 스마트폰 신상품에 대한 기획안을 제출하라는 업무를 받았다. 이에 오대리는 먼저 기획안을 작성하기 위해 필요한 정보가 무엇인지 생각을 하였는데 이번에 개발하고자 하는 신상품이 노년층을 주 고객층으로 한 실용적이면서도 조작이 간편한 제품이기 때문에 우선 50~60대의 취향을 파악할 필요가 있었다. 따라서 오대리는 50~60대 고객들이 현재 사용하고 있는 스마트폰의 모델과 좋아하는 디자인, 사용하면서 불편해 하는 사항, 지불 가능한 액수 등에 대한 정보가 필요함을 깨달았고 이러한 정보는 사내에 저장된 고객정보를 통해 얻을 수 있음을 인식하였다. 오대리는 다음 주까지 기획안을 작성하여 제출해야 하기 때문에 이번 주에 모든 정보를 수집하기로 마음먹었고 기획안 작성을 위해서는 방대한 고객정보 중에서도 특히 노년층에 대한 정보만 선별할 필요가 있었다. 이렇게 사내에 저장된 고객정보를 이용할 경우 따로 정보수집으로 인한 비용이 들지 않는다는 사실도 오대리에게는 장점으로 작용하였다. 여기까지 생각이 미치자 오대리는 고객정보를 얻기 위해 고객센터에 근무하는 조대리에게 관련 자료를 요청하였고 가급적 연령에 따라 분류해 줄 것을 당부하였다.

36 다음 중 오대리가 수집하고자 하는 고객정보 중에서 반드시 포함되어야 할 사항으로 옳지 않은 것은?

① 연령
② 사용하고 있는 모델
③ 거주지
④ 사용 시 불편사항

37 다음 보기의 사항들 중 위 사례에 포함된 사항은 모두 몇 개인가?

〈보기〉

• WHAT(무엇을?)
• WHERE(어디에서?)
• WHEN(언제까지?)
• WHY(왜?)
• WHO(누가?)
• HOW(어떻게?)
• HOW MUCH(얼마나?)

① 1개
② 3개
③ 5개
④ 7개

38 다음은 어느 자격증 시험의 점수를 나타낸 엑셀 표이다. 다음을 합계점수가 높은 순으로 5명씩 10명만 인쇄하려고 한다. 다음 중 옳지 않은 것은? (단, 2행의 내용은 두 페이지 모두에 나오게 해야 한다)

	A	B	C	D	E	F	G	H
1								
2		접수코드	성명	성별	필기	실기	합계	
3		OP007K	강경식	남	65	43	108	
4		OP011S	강현수	남	100	97	197	
5		OP009S	이대욱	남	80	55	135	
6		OP004S	김애란	여	55	70	125	
7		OP005K	노소연	여	67	50	117	
8		OP016K	다은성	여	70	62	132	
9		OP001S	다창진	남	42	70	112	
10		OP013S	민병철	남	70	65	135	
11		OP010K	정영진	남	46	23	69	
12		OP020S	서예희	여	70	72	142	
13		OP008S	신민경	여	60	57	117	
14		OP002K	우영철	남	43	100	143	
15		OP017S	이성화	여	69	52	121	
16		OP018S	이영애	여	72	84	156	
17		OP003K	이한일	남	57	60	117	
18		OP014K	임홍삼	남	100	86	186	
19		OP019K	정보진	남	90	88	178	
20		OP012S	초한기	남	50	63	113	
21		OP015K	황규하	남	60	80	140	
22		OP006K	황길호	남	35	42	77	

① G열 텍스트 오름차순 정렬
② 페이지 설정〉[시트]탭〉반복할 행"$2:$2"
③ 7, 8행 사이에 페이지 나누기 삽입
④ 페이지 설정〉[시트]탭〉인쇄영역"B2:G12"

39 다음의 알고리즘에서 인쇄되는 S는?

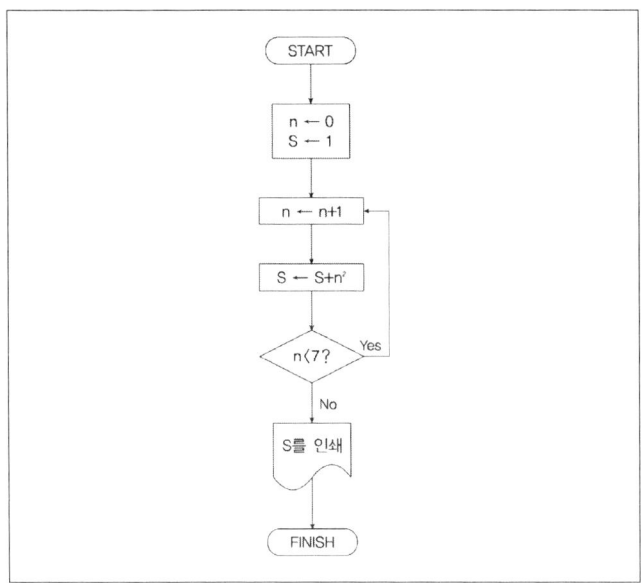

① 137 ② 139
③ 141 ④ 143

40 지민 씨는 회사 전화번호부를 1대의 핸드폰에 저장하였다. 핸드폰 전화번호부에서 검색을 했을 때 나타나는 결과로 옳은 것은? ('6'을 누르면 '5468', '7846' 등이 뜨고 'ㅌ'을 누르면 '전태승' 등이 뜬다.)

구분	이름	번호
총무팀	이서경	0254685554
마케팅팀	김민종	0514954554
인사팀	최찬웅	0324457846
재무팀	심빈우	0319485575
영업팀	민하린	01054892464
해외사업팀	김혜서	01099843232
전산팀	전태승	01078954654

① 'ㅎ'을 누르면 4명이 뜬다.
② '32'를 누르면 2명이 뜬다.
③ '55'를 누르면 2명이 뜬다.
④ 'ㅂ'을 누르면 아무도 나오지 않는다.

41 보험급여 비용의 심사와 보험급여의 적정성 평가와 관련하여 대통령령으로 정하는 업무에 해당하지 않는 것은?

① 요양급여비용을 지급받는 의료시설의 운영
② 요양급여비용의 심사청구와 관련된 소프트웨어의 개발·공급·검사 등 전산 관리
③ 요양급여의 적정성 평가 결과의 공개
④ 환자 분류체계 및 요양급여 관련 질병·부상 분류체계의 개발·관리

42 건강보험 등재 절차 흐름에 대한 설명으로 적절한 것은?

① 1단계 – 제품의 안전성과 유효성 검사를 한국보건의료연구원에서 진행하여 허가받는다.
② 2단계 – 급여·비급여 여부를 건강보험심사평가원에서 진행한다.
③ 3단계 – 신의료기술평가를 국민건강보험공단에서 진행한다.
④ 4단계 – 급여여부를 국민건강보험공단에서 평가하고 급여와 선별급여를 정한다.

43 국민건강보험법령에 따라 다음 빈칸에 들어가는 것으로 적절한 것은?

사업장의 사용자는 다음 각 호의 어느 하나에 해당하게 되면 그 때부터 (   ) 이내에 보건복지부령으로 정하는 바에 따라 보험자에게 신고하여야 한다. 제1호에 해당되어 보험자에게 신고한 내용이 변경된 경우에도 또한 같다.
1. 제6조 제2항에 따라 직장가입자가 되는 근로자·공무원 및 교직원을 사용하는 사업장이 된 경우
2. 휴업·폐업 등 보건복지부령으로 정하는 사유가 발생한 경우

① 7일
② 14일
③ 30일
④ 60일

44 국민건강보험법령에 따라 가입자 자격의 상실 시기는?

① 사망한 날의 다음 날

② 지역가입자가 다른 세대로 전입한 날

③ 직장가입자가 다른 적용대상사업장의 사용자로 되거나 근로자 등으로 사용된 날

④ 지역가입자가 적용대상사업장의 사용자로 되거나, 근로자·공무원 또는 교직원으로 사용된 날

45 국민건강보험법령에 따라 국민건강보험공단의 업무에 해당하는 것은?

① 요양급여비용의 심사

② 보험급여의 관리

③ 요양급여의 적정성 평가

④ 심사기준 및 평가기준의 개발

46 국민건강보험법령에 따라 요양급여를 모두 고른 것은?

> ㉠ 진찰·검사
> ㉡ 방문요양
> ㉢ 입원
> ㉣ 간호
> ㉤ 요양병원간병비

① ㉠㉡

② ㉡㉣㉤

③ ㉠㉢㉣

④ ㉢㉣㉤

47 국민건강보험법령에 따라 건강보험정책에 관한 다음과 같은 사항을 심의·의결하는 곳은?

> • 종합계획 및 시행계획에 관한 사항(의결은 제외한다)
> • 요양급여의 기준
> • 요양급여비용에 관한 사항
> • 직장가입자의 보험료율
> • 지역가입자의 보험료율과 재산보험료부과점수당 금액

① 건강보험정책심의위원회

② 건강보험심사평가원

③ 국민건강보험공단

④ 보건복지부

48 국민건강보험법령에 따라 국내에 거주하는 국민이 건강보험 가입자 또는 피부양자 적용 대상에서 제외되는 경우는?

① 유공자 등 의료보호대상자 중 건강보험의 적용을 보험자에게 신청한 사람

② 의료급여를 받는 사람

③ 건강보험을 적용받고 있던 사람이 유공자등 의료보호대상자로 되었으나 건강보험의 적용배제신청을 보험자에게 하지 아니한 사람

④ 공무원 및 교직원

49 국민건강보험법 시행규칙에 따라 다음 빈칸을 적절하게 채워 넣은 것은?

제2조(피부양자 자격의 인정기준 등) 피부양자는 다음 각 호의 어느 하나에 해당하는 날에 그 자격을 취득한다.
1. 신생아의 경우 : (㉠)
2. 직장가입자의 자격 취득일 또는 가입자의 자격 변동일 부터 (㉡) 이내에 피부양자의 자격취득 신고를 한 경우: 직장가입자의 자격 취득일 또는 해당 가입자의 자격 변동일

	㉠	㉡
①	출생한 다음 날	30일
②	출생 후 30일 뒤	60일
③	출생한 날	90일
④	출생신고 이후	100일

50 다음 중 징수한 과징금을 사용할 수 있는 용도로 옳지 않은 것은?

① 공단이 요양급여비용으로 지급하는 자금
② 「응급의료에 관한 법률」에 따른 응급의료기금의 지원
③ 「재난적의료비 지원에 관한 법률」에 따른 재난적의료비 지원사업에 대한 지원
④ 「산업안전보건법」에 따른 산업 안전 및 보건 관련 단체 등에 대한 지원

51 다음 중 500만 원 이하의 과태료가 부과되는 사람은?

① 요양급여가 끝난 날부터 5년이 되기 전에 요양급여비용의 청구에 관한 서류를 폐기한 자
② 다른 법령에서 심사평가원에 위탁한 업무에 대한 보건복지부장관의 보고 명령을 위반한 자
③ 휴업·폐업 등 보건복지부령으로 정하는 사유가 발생하였는데 신고를 하지 아니한 사용자
④ 공단이 아니면서 국민건강보험공단과 유사한 명칭을 사용한 자

52 국민건강보험 요양급여의 기준에 관한 규칙에 따라 약제의 지급 기준에 해당하지 않는 것은?

① 식품의약품안전처장이 긴급한 도입이 필요하다고 인정한 품목의 경우에는 식품의약품안전처장이 인정한 범위 안에서 처방·투여하여야 한다.
② 스테로이드제제 오남용의 폐해가 우려되는 의약품은 환자의 병력·투약력 등을 고려하여 신중하게 처방·투여하여야 한다.
③ 진료상 2품목 이상의 의약품을 병용하여 처방·투여하는 경우에는 1품목의 처방·투여로는 치료효과를 기대하기 어렵다고 의학적으로 인정되는 경우에 한한다.
④ 영양공급·안정·운동 그 밖에 요양상 주의를 함으로써 치료효과를 얻을 수 있다고 인정되는 경우에는 의약품을 처방한다.

53 국민건강보험 요양급여의 기준에 관한 규칙에 따라 선별급여의 적합성평가를 위해 요양기관에서 제출해야 하는 자료의 범위에 해당하지 않는 것은?

① 환자의 요건 및 기준 등에 관한 자료
② 선별급여의 실시 현황에 관한 자료
③ 선별급여실시조건에 대한 현황자료
④ 선별급여의 실시에 따른 요양급여비용의 청구에 관한 자료

54 국민건강보험법령에 따라 보험료가 면제되는 국외 체류기간은? (업무에 종사하기 위해 국외에 체류하는 경우 제외)

① 1개월
② 2개월
③ 3개월
④ 6개월

55 국민건강보험법령에 따라 보험료를 경감 받을 수 있는 지역이 아닌 곳은?

① 군 및 도농복합 형태 시의 읍·면 지역

② 요양기관까지의 거리가 멀거나 대중교통으로 이동하는 시간이 오래 걸리는 지역으로서 보건복지부장관이 정하여 고시하는 섬·벽지 지역

③ 요양기관의 이용이 제한되는 근무지의 특성을 고려하여 보건복지부장관이 인정하는 지역

④ 시와 군의 지역 중 동(洞) 지역으로서 지정된 주거지역·상업지역 및 공업지역

56 국민건강보험법령에 따라 다음 빈칸에 적절한 것은?

> 사업장의 사용자가 대통령령으로 정하는 사유에 해당되어 직장가입자가 될 수 없는 자를 제8조 제2항 또는 제9조 제2항을 위반하여 거짓으로 보험자에게 직장가입자로 신고한 경우 공단은 제1호의 금액에서 제2호의 금액을 뺀 금액의 (   )에 상당하는 가산금을 그 사용자에게 부과하여 징수한다.

① 100분의 10

② 100분의 80

③ 100분의 100

④ 30배

57 국민건강보험법령에 따라 다음에서 대통령령으로 정하는 경우에 해당하는 것은?

> 공단은 제3항에 따라 체납처분을 하기 전에 보험료 등의 체납 내역, 압류 가능한 재산의 종류, 압류 예정 사실 및 「국세징수법」 제41조제18호에 따른 소액금융재산에 대한 압류금지 사실 등이 포함된 통보서를 발송하여야 한다. 다만, 법인 해산 등 긴급히 체납처분을 할 필요가 있는 경우로서 대통령령으로 정하는 경우에는 그러하지 아니하다

① 법인이 해산한 경우

② 성실신고확인서를 제출한 사용자인 경우

③ 법원의 유죄 판결이 확정된 경우

④ 검사가 공소를 취소한 경우

58 국민건강보험법령에 따라 공단에서 가입자를 해당 세대에서 분리하여 별대 세대로 구성할 수 있는 경우에 해당하지 않는 것은?

① 생계를 달리하여 공단에 세대 분리를 신청한 사람

② 희귀난치성질환자로서 본인부담액을 경감 받는 사람

③ 공무원이 소속되어 있는 기관의 장으로서 대통령령으로 정하는 사람

④ 소집되어 상근예비역으로 복무하는 사람

59 국민건강보험법령에 따라 대통령령으로 정하는 금액에 해당하는 것은?

> 제71조(소득월액) ① 직장가입자의 보수 외 소득월액은 제70조에 따른 보수월액의 산정에 포함된 보수를 제외한 직장가입자의 소득이 <u>대통령령으로 정하는 금액</u>을 초과하는 경우 다음의 계산식에 따른 값을 보건복지부령으로 정하는 바에 따라 평가하여 산정한다.

① 1천만원　　　　　　② 2천만원
③ 3천만원　　　　　　④ 4천만원

60 국민건강보험법령에 따라 보수가 지급되지 아니하는 사용자의 보수월액을 산정하는 방법은?

① 해당 사업장에서 가장 높은 보수월액을 적용받는 근로자의 보수월액
② 그 보수액을 그 기간의 총 일수로 나눈 금액의 30배에 상당하는 금액
③ 1개월 동안에 그 사업장에서 해당 직장가입자와 같은 업무에 종사하고 같은 보수를 받는 사람의 보수액을 평균한 금액
④ 해당 연도 중 해당 사업장에서 발생한 보건복지부령으로 정하는 수입으로서 객관적인 자료를 통하여 확인된 금액

61 국민건강보험법령에 따라 보수가 지급되지 아니하는 성실신고사용자의 보수월액 산정을 위해 수입을 증명할 수 있는 자료를 제출하거나 수입금액을 공단에 통보할 수 있는 기간은?

① 1월 30일　　　　　　② 2월 28일
③ 5월 31일　　　　　　④ 6월 30일

62 국민건강보험법령에 따라 다음 빈칸에 적절한 것은?

> 사용자는 법 제70조 제1항에 따른 보수월액의 산정을 위하여 매년 (　　　　)까지 전년도 직장가입자에게 지급한 보수의 총액과 직장가입자가 해당 사업장·국가·지방자치단체·사립학교 또는 그 학교경영기관에 종사한 기간 등 보수월액 산정에 필요한 사항을 공단에 통보하여야 한다.

① 1월 1일　　　　　　② 2월 28일
③ 3월 10일　　　　　　④ 12월 31일

63 국민건강보험법령에 따라 100명 이상의 근로자가 소속되어 있는 사업장의 사용자는 해당 직장가입자의 보수가 인상되거나 인하되었을 때 해당 월의 보수가 14일 이전에 변경한 경우 보수월액 변경을 신청해야 하는 기간은?

① 해당 월의 15일까지
② 해당 월의 다음 달 15일까지
③ 해당 월의 30일까지
④ 12월 31일

64 국민건강보험법에 따라 밑줄 친 대통령령으로 정하는 회수는?

> 제53조(급여의 제한) ③ 공단은 가입자가 대통령령으로 정하는 기간 이상 다음 각 호의 보험료를 체납한 경우 그 체납한 보험료를 완납할 때까지 그 가입자 및 피부양자에 대하여 보험급여를 실시하지 아니할 수 있다. 다만, 월별 보험료의 총체납횟수(이미 납부된 체납보험료는 총체납횟수에서 제외하며, 보험료의 체납기간은 고려하지 아니한다)가 <u>대통령령으로 정하는 횟수</u> 미만이거나 가입자 및 피부양자의 소득·재산 등이 대통령령으로 정하는 기준 미만인 경우에는 그러하지 아니다.

① 1회　　　　　　② 3회
③ 6회　　　　　　④ 10회

65 국민건강보험법령에 따라 요양비등수급계좌로 받으려는 경우 공단에 제출해야 하는 것을 모두 고른 것은?

┌───┐
│ ㉠ 요양비등수급계좌의 계좌번호를 기재한 요양비 지급 청 │
│   구서 │
│ ㉡ 요양비등수급계좌의 계좌번호를 기재한 보조기기 급여 │
│   지급청구서 │
│ ㉢ 소득금액증명원 │
│ ㉣ 근로소득 원천징수영수증 │
│ ㉤ 예금통장 사본 │
└───┘

① ㉠㉡
② ㉠㉡㉤
③ ㉢㉣
④ ㉠㉡㉢㉣㉤

66 국민건강보험법령에 따라 공단은 일반건강검진 및 암검진을 실시하는 경우 건강검진의 실시에 관한 사항을 통보해야 하는 사람은?

① 직장가입자의 피부양자의 경우에는 직장가입자
② 직장가입자에게 실시하는 건강검진의 경우에는 해당 사용자
③ 지역가입자에게 실시하는 건강검진의 경우에는 해당 세대주
④ 영유아에게 실시하는 건강검진의 경우에는 의료기관

67 국민건강보험법령에 따라 임신·출산 진료비 이용권으로 결제할 수 있는 것이 아닌 것은?

① 임신·출산한 피부양자의 진료에 드는 비용
② 임신·출산한 가입자의 약제·치료재료의 구입에 드는 비용
③ 4세 미만 영유아의 진료에 드는 비용
④ 2세 미만 영유아에게 처방된 약제·치료재료의 구입에 드는 비용

68 사용자는 자격 관리 및 보험료 산정 등 건강보험에 관한 서류를 몇 년간 보존하여야 하는가?

① 1년
② 2년
③ 3년
④ 5년

69 다음에 보험급여를 받은 사람에게 해당 보험급여의 내용에 관하여 보고 또는 검사를 하게 할 수 있는 주체는?

① 감사원장

② 보건복지부장관

③ 공단이사장

④ 심사평가원장

70 다음 빈칸에 들어갈 내용을 순서대로 가장 바르게 나열된 것은?

> 제76조(보험료의 부담) ① 직장가입자의 보수월액보험료는 직장가입자와 다음 각 호의 구분에 따른 자가 각각 보험료액의 100분의 50씩 부담한다. 다만, 직장가입자가 교직원으로서 사립학교에 근무하는 교원이면 보험료액은 그 직장가입자가 100분의 (   )을, 제3조 제2호 다목에 해당하는 사용자가 100분의 (   )을, 국가가 100분의 (   )을 각각 부담한다.
> 1. 직장가입자가 근로자인 경우에는 제3조 제2호 가목에 해당하는 사업주
> 2. 직장가입자가 공무원인 경우에는 그 공무원이 소속되어 있는 국가 또는 지방자치단체
> 3. 직장가입자가 교직원(사립학교에 근무하는 교원은 제외한다)인 경우에는 제3조 제2호 다목에 해당하는 사용자

① 50, 30, 20

② 50, 20, 30

③ 40, 30, 30

④ 30, 40, 30

71 다음 중 국민건강보험법상 보험료의 납부기한은? (단, 그 달의 보험료를 그 다음 달에 납부하는 것을 기준으로 함)

① 5일

② 10일

③ 15일

④ 25일

72 국민건강보험 요양급여의 기준에 관한 규칙에 따라 상급병원에서 1단계 요양급여를 받을 수 있는 경우를 모두 고른 것은?

> ㉠ 응급환자인 경우
> ㉡ 건강진단
> ㉢ 치과에서 요양급여를 받는 경우
> ㉣ 요양기관에서 근무하는 가입자가 요양급여를 받는 경우
> ㉤ 건강검진

① ㉠㉡㉤

② ㉠㉢㉣

③ ㉢㉣

④ ㉠㉣㉤

73 국민건강보험법령에 따라 다음에 들어갈 과태료 금액을 순서대로 적은 것은?

위반행위	1차 위반	2차 위반	3차 위반
정당한 사유 없이 법 제97조(보고와 검사) 제1항, 제3항부터 제5항까지의 규정을 위반하여 보고·서류제출을 하지 않거나 거짓으로 보고·서류제출을 한 경우	㉠	㉡	㉢

	㉠	㉡	㉢
①	30	60	100
②	150	300	500
③	500	500	500
④	0	150	300

74 국민건강보험법령에 따라 직장가입자의 보험료율 및 지역가입자의 보험료율은?

① 1천분의 30
② 1천분의 100
③ 1만분의 120
④ 1만분의 719

75 국민건강보험법령에 따라 소득월액 산정에 포함되는 소득을 모두 고른 것은?

> ㉠ 이자소득
> ㉡ 비과세 소득
> ㉢ 연금소득
> ㉣ 사업소득

① ㉠㉡
② ㉠㉢㉣
③ ㉡㉣
④ ㉠㉡㉣

76 국민건강보험법령에 따라 연 · 분기 · 월 · 주 또는 그 밖의 일정기간으로 보수가 정해지는 경우 직장가입자의 자격을 취득하는 경우 해당 직장가입자의 보수월액을 결정하는 방법은?

① 해당 연도 중 해당 사업장에서 발생한 보건복지부령으로 정하는 수입으로서 객관적인 자료를 통하여 확인된 금액

② 그 보수액을 그 기간의 총 일수로 나눈 금액의 30배에 상당하는 금액

③ 1개월 동안에 그 사업장에서 해당 직장가입자와 같은 업무에 종사하고 같은 보수를 받는 사람의 보수액을 평균한 금액

④ 사용자의 신고금액

77 국민건강보험법령에 따라 보수는 근로자 등이 근로를 제공하고 사용자 · 국가 또는 지방자치단체로부터 지급받는 금품(실비변상적인 성격을 갖는 금품은 제외한다)으로서 대통령령으로 정하는 것이다. 보수에서 제외되는 것은?

① 급료　　　　　　② 세비(歲費)
③ 퇴직금　　　　　④ 상여

78 국민건강보험법령 제32조(월별 보험료액의 상한과 하한)에 월별 보험료액의 상한에서 빈칸에 적절한 것은?

> 월별 보험료액의 상한
>
> 가. 직장가입자의 보수월액보험료 : 보험료가 부과되는 연도의 전전년도 직장가입자 평균 보수월액보험료의 (㉠)에 해당하는 금액을 고려하여 보건복지부장관이 정하여 고시하는 금액
>
> 나. 직장가입자의 보수 외 소득월액보험료 및 지역가입자의 월별 보험료액 : 보험료가 부과되는 연도의 전전년도 평균 보수월액보험료의 (㉡)에 해당하는 금액을 고려하여 보건복지부장관이 정하여 고시하는 금액

	㉠	㉡
①	30배	15배
②	20배	10배
③	1천분의 50 이상	1천분의 85 미만
④	100분의 90 이상	100분의 10 이상

79 국민건강보험법령에 따라 국민건강보험공단에서 법 제47조의2 제1항 전단에 따라 요양급여비용의 지급을 보류하려는 경우 문서에 적어서 통지해야 하는 것이 아닌 것은?

① 해당 요양기관의 명칭

② 요양급여비용의 지급 보류에 대한 의견서에 이의 신청의 취지

③ 대표자 및 주소

④ 지급 보류의 원인이 되는 사실과 지급 보류의 대상이 되는 요양급여비용 및 법적 근거

80 국민건강보험법령에 따라 500만원 이하의 과태료를 부과하는 경우는?

① 정당한 사유 없이 건강보험증이나 신분증명서로 가입자 또는 피부양자의 본인 여부 및 그 자격을 확인하지 아니하고 요양급여를 실시한 자

② 사업장 신고를 하지 아니하거나 거짓으로 신고한 사용자

③ 서류를 보존하지 아니한 자

④ 제105조(유사명칭의 사용금지)를 위반한자

건강보험심사평가원 봉투모의고사 답안지

1	① ② ③ ④	21	① ② ③ ④	41	① ② ③ ④	61	① ② ③ ④
2	① ② ③ ④	22	① ② ③ ④	42	① ② ③ ④	62	① ② ③ ④
3	① ② ③ ④	23	① ② ③ ④	43	① ② ③ ④	63	① ② ③ ④
4	① ② ③ ④	24	① ② ③ ④	44	① ② ③ ④	64	① ② ③ ④
5	① ② ③ ④	25	① ② ③ ④	45	① ② ③ ④	65	① ② ③ ④
6	① ② ③ ④	26	① ② ③ ④	46	① ② ③ ④	66	① ② ③ ④
7	① ② ③ ④	27	① ② ③ ④	47	① ② ③ ④	67	① ② ③ ④
8	① ② ③ ④	28	① ② ③ ④	48	① ② ③ ④	68	① ② ③ ④
9	① ② ③ ④	29	① ② ③ ④	49	① ② ③ ④	69	① ② ③ ④
10	① ② ③ ④	30	① ② ③ ④	50	① ② ③ ④	70	① ② ③ ④
11	① ② ③ ④	31	① ② ③ ④	51	① ② ③ ④	71	① ② ③ ④
12	① ② ③ ④	32	① ② ③ ④	52	① ② ③ ④	72	① ② ③ ④
13	① ② ③ ④	33	① ② ③ ④	53	① ② ③ ④	73	① ② ③ ④
14	① ② ③ ④	34	① ② ③ ④	54	① ② ③ ④	74	① ② ③ ④
15	① ② ③ ④	35	① ② ③ ④	55	① ② ③ ④	75	① ② ③ ④
16	① ② ③ ④	36	① ② ③ ④	56	① ② ③ ④	76	① ② ③ ④
17	① ② ③ ④	37	① ② ③ ④	57	① ② ③ ④	77	① ② ③ ④
18	① ② ③ ④	38	① ② ③ ④	58	① ② ③ ④	78	① ② ③ ④
19	① ② ③ ④	39	① ② ③ ④	59	① ② ③ ④	79	① ② ③ ④
20	① ② ③ ④	40	① ② ③ ④	60	① ② ③ ④	80	① ② ③ ④

성명	

생년월일								
⓪	⓪	⓪	⓪	⓪	⓪	⓪	⓪
①	①	①	①	①	①	①	①
②	②	②	②	②	②	②	②
③	③	③	③	③	③	③	③
④	④	④	④	④	④	④	④
⑤	⑤	⑤	⑤	⑤	⑤	⑤	⑤
⑥	⑥	⑥	⑥	⑥	⑥	⑥	⑥
⑦	⑦	⑦	⑦	⑦	⑦	⑦	⑦
⑧	⑧	⑧	⑧	⑧	⑧	⑧	⑧
⑨	⑨	⑨	⑨	⑨	⑨	⑨	⑨

건강보험
심사평가원

심사직(5급)

- 제 3 회 -

SEOWONGAK
(주)서원각

1 원고 甲은 피고 乙을 상대로 대여금반환청구의 소를 제기하였다. 이후 절차에서 甲은 丙을, 乙은 丁을 각각 증인으로 신청하였으며 해당 재판부(재판장 A, 합의부원 B와 C)는 丙과 丁을 모두 증인으로 채택하였다. 다음 내용을 바탕으로 옳은 것은?

제1조
① 증인신문은 증인을 신청한 당사자가 먼저 하고, 다음에 다른 당사자가 한다.
② 재판장은 제1항의 신문이 끝난 뒤에 신문할 수 있다.
③ 재판장은 제1항과 제2항의 규정에 불구하고 언제든지 신문할 수 있다.
④ 재판장은 당사자의 의견을 들어 제1항과 제2항의 규정에 따른 신문의 순서를 바꿀 수 있다.
⑤ 당사자의 신문이 중복되거나 쟁점과 관계가 없는 때, 그 밖에 필요한 사정이 있는 때에 재판장은 당사자의 신문을 제한할 수 있다.
⑥ 합의부원은 재판장에게 알리고 신문할 수 있다.
제2조
① 증인은 따로따로 신문하여야 한다.
② 신문하지 않은 증인이 법정 안에 있을 때에는 법정에서 나가도록 명하여야 한다. 다만 필요하다고 인정한 때에는 신문할 증인을 법정 안에 머무르게 할 수 있다.
제3조 재판장은 필요하다고 인정한 때에는 증인 서로의 대질을 명할 수 있다.
제4조 증인은 서류에 의하여 진술하지 못한다. 다만 재판장이 허가하면 그러하지 아니하다.
※ 당사자 : 원고, 피고를 가리킨다.

---

① 丙을 신문할 때 A는 乙보다 먼저 신문할 수 없다.
② 甲의 丙에 대한 신문이 쟁점과 관계가 없는 때, A는 甲의 신문을 제한할 수 있다.
③ A가 丁에 대한 신문을 乙보다 甲이 먼저 하게 하려면, B와 C의 의견을 들어야 한다.
④ 丙과 丁을 따로따로 신문해야 하는 것이 원칙이지만, B는 필요하다고 인정한 때 丙과 丁의 대질을 명할 수 있다.

▎2~4 ▎ 다음 글을 읽고 물음에 답하시오.

(가) 일상생활이 너무나 피곤하고 고단할 때, 힘든 일에 지쳐 젖은 솜처럼 몸이 무겁고 눈이 빨갛게 충혈 됐을 때, 단잠처럼 달콤한 게 또 있을까? 우리는 하루 평균 7~8시간을 잔다. 하루의 3분의 1을 잠을 자는 데 쓰는 것이다. 어찌 생각하면 참 아까운 시간이다. 잠을 자지 않고 그 시간에 열심히 일을 해서 돈을 번다면 부자가 되지 않을까? 여기서 잠시 A라는 학생의 생활을 살펴보자.

(나) A는 잠자는 시간이 너무 아깝다. 그래서 잠을 안자고 열심히 공부하기로 작정한다. A에게 하루쯤 밤을 새는 것은 흔한 일이다. 졸리고 피곤하긴 하지만, 그런대로 학교생활을 해 나갈 수 있다. 하지만, 하루가 지나고 이틀이 지나니 그 증상이 훨씬 심해진다. 눈은 ㉠뻑뻑하고 눈꺼풀은 천 근처럼 무겁다. 옆에서 누가 소리를 지르지 않으면 금방 잠에 빠져 버리고 만다. A는 잠을 자지 않기 위해서 쉴 새 없이 움직인다. 하지만, 너무 졸려서 도저히 공부를 할 수가 없다. 결국 A는 모든 것을 포기하고 깊은 잠에 빠져 버리고 만다.

(다) 만일, 누군가가 강제로 A를 하루나 이틀 더 못 자게 한다면 어떻게 될까? A는 자기가 있는 곳이 어디인지, 또 자기가 무슨 일을 하러 여기에 와 있는지조차 가물가물

할 것이다. 앞에 앉은 사람의 얼굴도 잘 몰라보고 이상한 물체가 보인다고 횡설수설할지도 모른다. 수면 ⓛ박탈은 예로부터 ⓒ중죄인을 고문하는 방법으로 이용될 정도로 견디기 어려운 것이었다.

(라) A가 이처럼 잠을 못 잤다면 부족한 잠을 고스란히 보충해야 할까? 그렇지는 않다. 예를 들어, 매일 8시간씩 자던 사람이 어느 날 5시간밖에 못 잤다고 해서 3시간을 더 잘 필요는 없다. 우리 몸은 그렇게 계산적이지 않다. 어쩌면 A가 진짜 부러워해야 할 사람은 나폴레옹이나 에디슨일지도 모른다. 이 두 사람은 역사상 밤잠 안 자는 사람으로 유명했다. 하지만, 이들은 진짜 잠을 안 잔 것이 아니라, 효과적으로 수면을 취했던 것이다. 나폴레옹은 말안장 위에서도 잠을 잤고, ⓔ워털루 전투에서도 틈틈이 낮잠을 즐겼다고 한다. 에디슨도 마찬가지였다. 에디슨의 친구 한 사람은 "그는 다른 사람에게 말을 거는 동안에도 잠 속에 빠지곤 했지."라고 말하였다.

(마) 그러면 우리는 왜 잠을 잘까? 왜 인생의 3분의 1을 잠으로 보내야만 할까? 뒤집어 생각해 보면, 잠을 자고 있는 것이 우리의 정상적인 모습이고, 잠을 자지 않는 것은 여러 자극 때문에 어쩔 수 없이 깨어 있는 비정상적인 모습인지도 모른다. 과연 잠을 자고 있을 때와 깨어 있을 때, 우리의 뇌에는 어떠한 일이 일어나고 있을까?

2 주어진 글에서 A의 예를 통하여 글쓴이가 궁극적으로 말하고자 하는 바는?

① 잠을 많이 자야 건강을 유지할 수 있다.
② 잠을 안 자면 정상적인 생활을 할 수 없다.
③ 단잠은 지친 심신을 정상적으로 회복시킨다.
④ 잠을 덜 자기 위해서는 많은 고통을 겪어야 한다.

3 (라)에서 '나폴레옹'과 '에디슨'의 공통점으로 알맞은 것은?

① 불면증에 시달렸다.
② 효과적으로 수면을 취했다.
③ 일반인보다 유난히 잠이 많았다.
④ 꿈과 현실을 잘 구분하지 못했다.

4 ⑦~ⓔ 중 사전(事典)을 찾아보아야 할 단어는?

① ㉠   ② ㉡
③ ㉢   ④ ㉣

5 다음 내용은 방송 대담의 한 장면이다. 이를 통해 알 수 있는 것은?

사회자 : '키워드로 알아보는 사회' 시간입니다. 의료 서비스 시장 개방이 눈앞의 현실로 다가오고 있습니다. 이와 관련하여 오늘은 먼저 의료 서비스 시장의 특성에 대해서 알아보겠습니다. 김 박사님 말씀해주시죠.

김 박사 : 일반적인 시장에서는 소비자가 선택할 수 있는 상품의 폭이 넓습니다. 목이 말라 사이다를 마시고 싶은데, 사이다가 없다면 대신 콜라를 마시는 식이지요. 하지만 의료 서비스 시장은 다릅니다. 의료 서비스 시장에서는 음료수를 고르듯 아무 병원이나, 아무 의사에게 갈 수는 없습니다.

사회자 : 의료 서비스는 일반 시장의 상품과 달리 쉽게 대체할 수 있는 상품이 아니라는 말씀이군요.

김 박사 : 예, 그렇습니다. 의료 서비스라는 상품은 한정되어 있다는 특성이 있습니다. 우선 일정한 자격을 가진 사람만 의료 행위를 할 수 있기 때문에 의사의 수는 적을 수밖에 없습니다. 의사의 수가 충분하더라도 소비자, 즉 환자가 만족할 만한 수준의 병원을 설립하는 데는 더 큰 비용이 들죠. 그래서 의사와 병원의 수는 의료 서비스를 받고자 하는 사람보다 항상 적을 수밖에 없습니다.

사회자 : 그래서 종합 병원에 항상 그렇게 많은 환자가 몰리는군요. 저도 종합 병원에 가서 진료를 받기 위해 오랜 시간을 기다린 적이 많습니다. 그런데 박사님…… 병원에 따라서는 환자에게 불필요한 검사까지 권하는 경우도 있다고 하던데요…….

김 박사 : 그것은 '정보의 비대칭성'이라는 의료 서비스 시장의 특성과 관련이 있습니다. 의료 지식은 매우 전문적이어서 환자들이 자신의 증상에 관한 정보를 얻기가 어렵습니다. 그래서 환자는 의료 서비스를 수동적으로 받아들일 수밖에 없습니다. 중고

차 시장을 생각해보시면 될 텐데요. 중고차를 사려는 사람이 중고차 판매자를 통해서만 차에 관한 정보를 얻을 수 있는 것과 마찬가지입니다.

사회자 : 중고차 판매자는 중고차의 좋지 않은 점을 숨길 수 있으니 정보가 판매자에게 집중되는 비대칭성을 나타낸다고 보면 될까요?

김 박사 : 맞습니다. 의료 서비스 시장도 중고차 시장과 마찬가지로 소비자의 선택에 불리한 구조로 이루어져 있습니다. 따라서 의료 서비스 시장을 개방하기 전에는 시장의 특수한 특성을 고려해 소비자가 피해보는 일이 없도록 많은 논의가 이루어져야 할 것입니다.

① 의료 서비스 수요자의 증가와 의료 서비스의 질은 비례한다.
② 의료 서비스 시장에서는 공급자 간의 경쟁이 과도하게 나타난다.
③ 의료 서비스 시장에서는 소비자의 의료 서비스 선택의 폭이 좁다.
④ 의료 서비스 공급자와 수요자 사이에는 정보의 대칭성이 존재한다.

6　다음 공고를 보고 잘못 이해한 것을 고르면?

〈신입사원 정규채용 공고〉

분야	인원	응시자격	연령	비고
콘텐츠 기획	5	• 해당분야 유경험자(3년 이상) • 외국어 사이트 운영 경력자 우대 • 외국어(영어/일어) 전공자	제한 없음	정규직
제휴 마케팅	3	• 해당분야 유경험자(5년 이상) • 웹 프로모션 경력자 우대 • 콘텐츠산업(온라인) 지식 보유자	제한 없음	정규직
웹 디자인	2	• 응시제한 없음 • 웹디자인 유경험자 우대	제한 없음	정규직

〈입사지원서 및 기타 구비서류〉

(1) 접수방법
• 인터넷을 통해서만 접수(우편 이용 또는 방문접수 불가)
• 채용분야별 복수지원 불가

(2) 입사지원서 접수 시 유의사항
• 입사지원서는 인터넷 접수만 가능함
• 접수 마감일에는 지원자 폭주 및 서버의 네트워크 사정에 따라 접속이 불안정해 질 수 있으니 가급적 마감일 1~2일 전까지 입사지원서 작성바람
• 입사지원서를 작성하여 접수하고 수험번호가 부여된 후 재입력이나 수정은 채용 공고 종료일 18 : 00까지만 가능하오니, 기재내용 입력에 신중을 기하여 정확하게 입력하기 바람

(3) 구비서류 접수
• 접수방법 : 최종면접 전형 당일 시험장에서만 접수하며, 미제출자는 불합격 처리
  － 최종학력졸업증명서 1부
  － 자격증 사본 1부(해당자에 한함)

(4) 기타 사항
• 상기 모집분야에 대해 최종 전형결과 적격자가 없는 것으로 판단될 경우, 선발하지 아니할 수 있으며, 추후 입사지원서의 기재사항이나 제출서류가 허위로 판명될 경우 합격 또는 임용을 취소함
• 최종합격자라도 신체검사에서 불합격 판정을 받거나 당사 인사규정상 채용 결격사유가 발견될 경우 임용을 취소함
• 3개월 인턴 후 평가(70점 이상)에 따라 정식 고용 여부를 결정함

(5) 문의 및 접수처
• 기타 문의사항은 홈페이지 참고

① 우편 및 방문접수는 불가하며 입사지원은 인터넷 접수만 가능하다.
② 지원서 수정은 마감일 이후 불가능하다.
③ 최종합격자라도 신체검사에서 불합격 판정을 받으면 임용이 취소된다.
④ 3개월 인턴과정을 거치고 나면 별도의 제약 없이 정식 고용된다.

7 다음 업무일지를 바르게 이해하지 못한 것은?

[2025년 5월 4일 업무보고서]
기획팀 팀장 홍길동

시간	내용	비고
09:00 ~10:00	기획팀 회의	- 일주일 후 나올 신제품 논의
10:00 ~12:00	통상업무	
12:00 ~13:00	점심식사	
13:00 ~14:30	릴레이 회의	- 기획팀 인원 충원에 관해 인사팀 김서현 대리에게 보고 - 디자인팀에 신제품 샘플 부탁
14:30 ~16:00	협력업체 사장과 미팅	- 내일 오전까지 신제품 400개 도착
16:00 ~18:00	오프라인 매장 방문	- 지난 시즌에 출시한 제품 동향 파악

① 5월 11일 신제품이 나올 예정이다.
② 기획팀은 현재 인력이 부족한 상황이다.
③ 저번 달에도 신제품을 출시했다.
④ 내일 오전 신제품 400개가 배송될 예정이다.

8 다음 중 올바른 태도로 의사소통을 하고 있지 않은 사람은?

① 종민 : 상대방이 이해하기 쉽게 표현한다.
② 찬연 : 상대방이 어떻게 받아들일 것인가를 고려한다.
③ 백희 : 정보의 전달에만 치중한다.
④ 세운 : 의사소통의 목적을 알고 의견을 나눈다.

9 다음의 상황에서 옳은 것은?

다음은 자동차 외판원 A, B, C, D, E, F의 판매실적에 대한 진술이다.
• A는 B에게 실적에서 앞서 있다.
• C는 D에게 실적에서 뒤졌다.
• E는 F에게 실적에서 뒤졌지만, A에게는 실적에서 앞서 있다.
• B는 D에게 실적에서 앞서 있지만, E에게는 실적에서 뒤졌다.

① 외판원 C의 실적은 꼴찌가 아니다.
② B의 실적보다 안 좋은 외판원은 3명이다.
③ 두 번째로 실적이 좋은 외판원은 B이다.
④ 실적이 가장 좋은 외판원은 F이다.

┃10~11┃ 다음 글을 읽고 물음에 답하시오.

○○통신회사 직원 K씨가 고객으로부터 걸려온 전화를 응대하고 있다. 고객은 K씨에게 가장 저렴한 통신비를 문의하고 있다.

K씨 : 안녕하십니까? ○○텔레콤 K○○입니다. 무엇을 도와드릴까요?
고객 : 네. 저는 저에게 맞는 통신비를 추천받고자 합니다.
K씨 : 고객님이 많이 사용하시는 부분이 무엇입니까?
고객 : 저는 통화는 별로 하지 않고 인터넷을 한 달에 평균 3기가 정도 사용합니다.
K씨 : 아, 고객님은 인터넷을 많이 사용하시는군요. 그럼 인터넷 외에 다른 서비스는 필요하신 부분이 없으십니까?
고객 : 저는 매달 컬러링을 바꾸고 싶습니다.
K씨 : 아 그럼 매달 3기가 이상의 인터넷과 무료 컬러링이 필요하신 것입니까?
고객 : 네. 그럼 될 것 같습니다.

〈요금제별 정보〉

요금제명	무료인터넷 용량	무료통화 용량	무료 부가서비스	가격
35요금제	1기가	40분	없음	30,000원
45요금제	2기가	60분	없음	40,000원
55요금제	3기가	120분	컬러링 월 1회	50,000원
65요금제	4기가	180분	컬러링 월 2회	60,000원

10 K씨가 고객에게 가장 적합하다고 생각하는 요금제는 무엇인가?

① 35요금제 ② 45요금제
③ 55요금제 ④ 65요금제

11 만약 동일한 조건에서 고객이 통화를 1달에 1시간 30분 정도 사용한다고 한다면 이 고객에게 가장 적합한 요금제는 무엇인가?

① 35요금제 ② 45요금제
③ 55요금제 ④ 65요금제

12 A, B, C, D, E는 영업, 사무, 전산, 관리, 홍보의 일을 각각 맡아서 하기로 하였다. A는 영업과 사무 분야의 업무를 싫어하고, B는 관리 업무를 싫어하며, C는 영업 분야 일을 하고 싶어하고, D는 전산 분야 일을 하고 싶어하며, E는 관리와 사무 분야의 업무를 싫어한다. 인사부에서 각자의 선호에 따라 일을 시킬 때 옳게 짝지은 것은?

① A − 관리
② B − 영업
③ C − 홍보
④ D − 사무

13 다음 글을 근거로 유추할 경우 옳은 내용만을 바르게 짝지은 것은?

- 9명의 참가자는 1번부터 9번까지의 번호 중 하나를 부여받고, 동시에 제비를 뽑아 3명은 범인, 6명은 시민이 된다.
- '1번의 오른쪽은 2번, 2번의 오른쪽은 3번, …, 8번의 오른쪽은 9번, 9번의 오른쪽은 1번'과 같이 번호 순서대로 동그랗게 앉는다.
- 참가자는 본인과 바로 양 옆에 앉은 사람이 범인인지 시민인지 알 수 있다.
- "옆에 범인이 있다."라는 말은 바로 양 옆에 앉은 2명 중 1명 혹은 2명이 범인이라는 뜻이다.
- "옆에 범인이 없다."라는 말은 바로 양 옆에 앉은 2명 모두 범인이 아니라는 뜻이다.
- 범인은 거짓말만 하고, 시민은 참말만 한다.

ㄱ. 1, 4, 6, 7, 8번의 진술이 "옆에 범인이 있다."이고, 2, 3, 5, 9번의 진술이 "옆에 범인이 없다."일 때, 8번이 시민임을 알면 범인들을 모두 찾아낼 수 있다.
ㄴ. 만약 모두가 "옆에 범인이 있다."라고 진술한 경우, 범인이 부여받은 번호의 조합은 (1, 4, 7) / (2, 5, 8) / (3, 6, 9) 3가지이다.
ㄷ. 한 명만이 "옆에 범인이 없다."라고 진술한 경우는 없다.

① ㄴ ② ㄷ
③ ㄱㄴ ④ ㄱㄷ

14 2개의 주사위를 동시에 던질 때, 서로 다른 숫자가 나오는 확률은?

① $\frac{1}{3}$ ② $\frac{1}{2}$

③ $\frac{2}{3}$ ④ $\frac{5}{6}$

15 증명사진 6장을 뽑는 데 4000원이고 한 장씩 더 추가할 때마다 200원씩 받는다고 할 때, 사진을 몇 장 이상 뽑으면 1장의 가격이 400원 이하가 되는가?

① 11장   ② 12장
③ 13장   ④ 14장

16 다음은 'A'국의 4대 범죄 발생건수 및 검거건수에 대한 자료이다. 이에 대한 설명으로 옳지 않은 것은?

〈2013 ~ 2017년 4대 범죄 발생건수 및 검거건수〉

(단위 : 건, 천 명)

구분 연도	발생건수	검거건수	총인구	인구 10만 명당 발생건수
2013	15,693	14,492	49,194	31.9
2014	18,258	16,125	49,346	( )
2015	19,498	16,404	49,740	39.2
2016	19,670	16,630	50,051	39.3
2017	22,310	19,774	50,248	44.4

〈2017년 4대 범죄 유형별 발생건수 및 검거건수〉

(단위 : 건)

구분 범죄 유형	발생건수	검거건수
강도	5,753	5,481
살인	132	122
절도	14,778	12,525
방화	1,647	1,646
합계	22,310	19,774

① 인구 10만 명당 4대 범죄 발생건수는 매년 증가한다.
② 2014년 이후, 전년대비 4대 범죄 발생건수 증가율이 가장 낮은 연도와 전년대비 4대 범죄 검거건수 증가율이 가장 낮은 연도는 동일하다.
③ 2017년 발생건수 대비 검거건수 비율이 가장 낮은 범죄 유형의 발생건수는 해당 연도 4대 범죄 발생건수의 60% 이상이다.
④ 2017년 강도와 살인 발생건수의 합이 4대 범죄 발생건수에서 차지하는 비율은 2017년 강도와 살인 검거건수의 합이 4대 범죄 검거건수에서 차지하는 비율보다 높다.

17 다음 표는 5개 대학교의 한 해 신입생 정원에 관한 자료이다. 이에 대한 〈보기〉의 설명 중 옳은 것을 모두 고른 것은?

〈표1〉 계열별 신입생 정원

(단위 : 명)

구분	인문 · 사회	자연 · 공학	전체
A 대학교	2,350	3,241	5,591
B 대학교	2,240	1,783	4,023
C 대학교	3,478	4,282	7,760
D 대학교	773	458	1,231
E 대학교	1,484	1,644	3,128

※ 각 대학교의 계열은 인문 · 사회와 자연 · 공학 두 가지로만 구성됨.

〈표2〉 모집전형별 계열별 신입생 정원

(단위 : 명)

구분	수시전형		정시전형	
	인문 · 사회	자연 · 공학	인문 · 사회	자연 · 공학
A 대학교	1,175	1,652	1,175	1,589
B 대학교	536	402	1,704	1,381
C 대학교	2,331	2,840	1,147	1,442
D 대학교	319	215	454	243
E 대학교	725	746	759	898

〈보기〉
㉠ 전체 신입생 정원에서 인문 · 사회 계열 정원의 비율이 가장 높은 대학교는 B 대학교이다.
㉡ 자연 · 공학 계열 신입생 정원이 전체 신입생 정원의 50%를 초과하는 대학교는 A, C, E 대학교이다.
㉢ 수시전형으로 선발하는 신입생 정원이 정시전형으로 선발하는 신입생 정원보다 많은 대학교는 C 대학교뿐이다.
㉣ 수시전형으로 선발하는 신입생 정원과 정시전형으로 선발하는 신입생 정원의 차이가 가장 작은 대학교는 A 대학교이다.

① ㉠㉡   ② ㉠㉢
③ ㉡㉢   ④ ㉡㉣

18 다음 표는 2015 ～ 2017년 남아공, 멕시코, 브라질, 사우디, 캐나다, 한국의 이산화탄소 배출량에 대한 자료이다. 다음에 제시된 조건을 근거로 하여 A ～ D에 해당하는 국가를 바르게 나열한 것은?

(단위 : 천만 톤, 톤/인)

국가 \ 구분	연도	2015	2016	2017
한국	총배출량	56.45	58.99	59.29
	1인당 배출량	11.42	11.85	11.86
멕시코	총배출량	41.79	43.25	43.58
	1인당 배출량	3.66	3.74	3.75
A	총배출량	37.63	36.15	37.61
	1인당 배출량	7.39	7.01	7.20
B	총배출량	41.49	42.98	45.88
	1인당 배출량	15.22	15.48	16.22
C	총배출량	53.14	53.67	53.37
	1인당 배출량	15.57	15.56	15.30
D	총배출량	38.85	40.80	44.02
	1인당 배출량	1.99	2.07	2.22

※ 1인당 배출량(톤/인) $= \dfrac{총배출량}{인구}$

〈조건〉
• 1인당 이산화탄소 배출량이 2016과 2017년 모두 전년대비 증가한 국가는 멕시코, 브라질, 사우디, 한국이다.
• 2015년 ～ 2017년 동안 매년 인구가 1억명 이상인 국가는 멕시코와 브라질이다.
• 2017년 인구는 남아공이 한국보다 많다.

	A	B	C	D
①	남아공	사우디	캐나다	브라질
②	남아공	브라질	캐나다	사우디
③	캐나다	사우디	남아공	브라질
④	캐나다	브라질	남아공	사우디

20 **다음 표의 해석으로 가장 적합한 것은?**

구분	재배면적(천ha)		10a당 생산량(kg)		생산량(천t)	
	지난해	올해	지난해	올해	지난해	올해
배추	14.5	13.5	10,946	10,946	1,583	1,588
무	7.8	7.5	8,034	6,333	624	473

① 올해 배추 생산량은 지난해에 비해 약 25% 감소했다.

② 올해 재배면적은 지난해에 비해 무가 배추보다 더 감소했다.

③ 올해 단위면적당 배추 생산량은 지난해에 비해 감소했다.

④ 올해 단위면적당 무 생산량은 지난해에 비해 감소했다.

19 다음 그래프는 취업 인구 비율에 따른 A~D 국가의 산업 구조를 나타낸 것이다. 이에 대한 분석으로 옳은 것은?

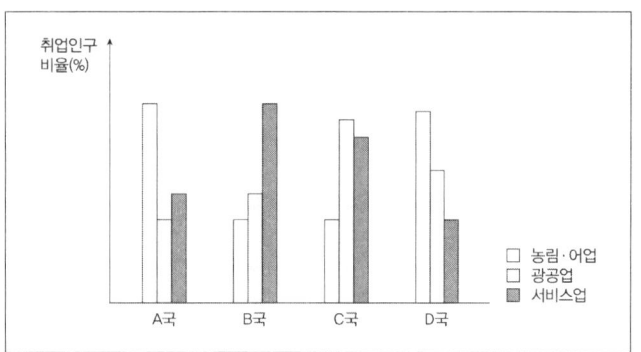

① A 국가는 1차 산업 < 2차 산업 < 3차 산업의 순서로 산업 비중이 높다.

② B 국가는 노동 집약 산업의 비중이 가장 높다.

③ D 국가의 산업 구조는 중진국형에 해당한다.

④ B 국가는 C 국가보다 산업 구조의 고도화가 더 진행되었다.

21 다음은 갑과 을의 시계 제작 실기시험 지시서의 내용이다. 을의 최종 완성 시간과 유휴 시간은 각각 얼마인가? (단, 이동 시간은 고려하지 않는다.)

[각 공작 기계 및 소요 시간]

1. 앞면 가공용 A 공작 기계 : 20분
2. 뒷면 가공용 B 공작 기계 : 15분
3. 조립 : 5분

[공작 순서]

시계는 각 1대씩 만들며, 갑은 앞면부터 가공하여 뒷면 가공 후 조립하고, 을은 뒷면부터 가공하여 앞면 가공 후 조립하기로 하였다.

[조건]

• A, B 공작 기계는 각 1대씩이며 모두 사용해야 하고, 두 사람이 동시에 작업을 시작한다.

• 조립은 가공이 이루어진 후 즉시 실시한다.

	최종 완성 시간	유휴 시간
①	40분	5분
②	45분	5분
③	45분	10분
④	50분	5분

22 다음은 甲기업의 재고 관리 사례이다. 금요일까지 부품 재고 수량이 남지 않게 완성품을 만들 수 있도록 월요일에 주문할 A~C 부품 개수로 옳은 것은? (단, 주어진 조건 이외에는 고려하지 않는다.)

[부품 재고 수량과 완성품 1개당 소요량]

부품명	부품 재고 수량	완성품 1개당 소요량
A	500	10
B	120	3
C	250	5

[완성품 납품 수량]

항목 \ 요일	월	화	수	목	금
완성품 납품 개수	없음	30	20	30	20

[조건]
1. 부품 주문은 월요일에 한 번 신청하며 화요일 작업 시작 전 입고된다.
2. 완성품은 부품 A, B, C를 모두 조립해야 한다.

	A	B	C
①	100	100	100
②	100	180	200
③	500	100	100
④	500	180	250

23 다음 재고 현황을 통해 파악할 수 있는 완성품의 최대 수량과 완성품 1개당 소요 비용은 얼마인가? (단, 완성품은 A, B, C, D의 부품이 모두 조립되어야 하고 다른 조건은 고려하지 않는다.)

부품명	완성품 1개당 소요량(개)	단가(원)	재고 수량(개)
A	2	50	100
B	3	100	300
C	20	10	2,000
D	1	400	150

	완성품의 최대 수량(개)	완성품 1개당 소요 비용(원)
①	50	100
②	50	500
③	50	1,000
④	100	500

24 어느 날 A부서 팀장이 다음 자료를 주며 "이번에 회사에서 전략 사업으로 자동차 부품 시범 판매점을 직접 운영해 보기로 했다."며 자동차가 많이 운행되고 있는 도시에 판매점을 둬야하므로 후보도시를 추천하라고 하였다. 다음 중 후보도시로 가장 적절한 곳은?

도시	인구수	도로연장	자동차 대수 (1,000명당)
A	100만 명	200km	200대
B	70만 명	150km	150대
C	50만 명	300km	450대
D	50만 명	200km	500대

① A ② B
③ C ④ D

25 다음 글의 내용과 날씨를 근거로 판단할 경우 종아가 여행을 다녀온 시기로 가능한 것은?

- 종아는 선박으로 '포항 → 울릉도 → 독도 → 울릉도 → 포항' 순으로 3박 4일의 여행을 다녀왔다.
- '포항 →울릉도' 선박은 매일 오전 10시, '울릉도 → 포항' 선박은 매일 오후 3시에 출발하며, 편도 운항에 3시간이 소요된다.
- 울릉도에서 출발해 독도를 돌아보는 선박은 매주 화요일과 목요일 오전 8시에 출발하여 당일 오전 11시에 돌아온다.
- 최대 파고가 3m 이상인 날은 모든 노선의 선박이 운항되지 않는다.
- 종아는 매주 금요일에 술을 마시는데, 술을 마신 다음날은 멀미가 심해 선박을 탈 수 없다.
- 이번 여행 중 종아는 울릉도에서 호박엿 만들기 체험을 했는데, 호박엿 만들기 체험은 매주 월·금요일 오후 6시에만 할 수 있다.

〈날씨〉

(⑳ : 최대 파고)

日	月	火	水	木	金	土
16	17	18	19	20	21	22
⑳ 1.0m	⑳ 1.4m	⑳ 3.2m	⑳ 2.7m	⑳ 2.8m	⑳ 3.7m	⑳ 2.0m
23	24	25	26	27	28	29
⑳ 0.7m	⑳ 3.3m	⑳ 2.8m	⑳ 2.7m	⑳ 0.5m	⑳ 3.7m	⑳ 3.3m

① 19일(水) ~ 22일(土)
② 20일(木) ~ 23일(日)
③ 23일(日) ~ 26일(水)
④ 25일(火) ~ 28일(金)

26 A기업에 근무하는 최 대리는 이번 달에 접수된 총 7건의 고객 불만 사항에 대해 보고서를 작성하려고 한다. A, B, C, D, E, F, G 고객의 불만이 접수된 순서가 다음의 정보를 모두 만족할 때, 불만 사항이 가장 마지막으로 접수된 고객은?

〈정보〉
- B고객의 불만은 가장 마지막에 접수되지 않았다.
- G고객의 불만은 C고객의 불만보다 먼저 접수되었다.
- A고객의 불만은 B고객의 불만보다 먼저 접수되었다.
- B고객의 불만은 E고객의 불만보다 나중에 접수되었다.
- D고객과 E고객의 불만은 연달아 접수되었다.
- C고객의 불만은 다섯 번째로 접수되었다.
- A고객과 B고객의 불만 접수 사이에 한 건의 불만이 접수되었다.

① A
② C
③ D
④ F

27 다음은 SNS 회사에 함께 인턴으로 채용된 두 친구의 대화이다. 두 사람이 제출했을 토론 주제로 적합한 것은?

여 : 대리님께서 말씀하신 토론 주제는 정했어? 난 인터넷에서 '저무는 육필의 시대'라는 기사를 찾았는데 토론 주제로 괜찮을 것 같아서 그걸 정리해 가려고 하는데.

남 : 난 아직 마땅한 게 없어서 찾는 중이야. 그런데 육필이 뭐야?

여 : SNS 회사에 입사했다는 애가 그것도 모르는 거야? 컴퓨터로 글을 쓰는 게 디지털 글쓰기라면 손으로 글을 쓰는 걸 육필이라고 하잖아.

남 : 아! 그런 거야? 그럼 우리는 디지털 글쓰기 세대겠네?

여 : 그런 셈이지. 요즘 다들 컴퓨터로 글을 쓰니까. 그나저나 너는 디지털 글쓰기의 장점이 뭐라고 생각해?

남 : 음, 우선 떠오르는 대로 빨리 쓸 수 있다는 점 아닐까? 또 쉽게 고칠 수도 있고. 그래서 누구나 쉽게 글을 쓸 수 있다는 점이 디지털 글쓰기의 최대 장점이라고 생각하는데.

여 : 맞아. 기존의 글쓰기가 소수의 전유물이었다면, 디지털 글쓰기 덕분에 누구나 쉽게 글을 쓰고 의사소통을 할 수 있게 되었다는 게 내가 본 기사의 핵심이었어. 한마디로 글쓰기의 민주화가 이루어진 거지.

남 : 글쓰기의 민주화…… 멋있어 보이기는 하는데, 디지털 글쓰기가 꼭 장점만 있는 것 같지는 않아. 누구나 쉽게 글을 쓸 수 있게 됐다는 건, 그만큼 글이 가벼워졌다는 거 아냐? 우리 주변에서도 그런 글들을 엄청나잖아.

여 : 하긴, 디지털 글쓰기 때문에 과거보다 진지하게 글을 쓰는 사람이 적어진 건 사실이야. 남의 글을 베끼거나 근거 없는 내용을 담은 글들도 많아지고.

남 : 우리 이 주제로 토론을 해 보는 게 어때?

① 세대 간 정보화 격차
② 디지털 글쓰기와 정보화
③ 디지털 글쓰기의 장단점
④ 디지털 글쓰기와 의사소통의 관계

28 A 무역회사에 다니는 乙 씨는 회의에서 발표할 '해외 시장 진출 육성 방안'에 대해 다음과 같이 개요를 작성하였다. 이를 검토하던 甲이 지시한 내용 중 잘못된 것은?

Ⅰ. 서론
• 해외 시장에 진출한 우리 회사 제품 수의 증가 …… ㉠
• 해외 시장 진출을 위한 장기적인 전략의 필요성

Ⅱ. 본론
1. 해외 시장 진출의 의의
• 다른 나라와의 경제적 연대 증진 …… ㉡
• 해외 시장 속 우리 회사의 위상 제고
2. 해외 시장 진출의 장애 요소
• 해외 시장 진출 관련 재정 지원 부족
• 우리 회사에 대한 현지인의 인지도 부족 …… ㉢
• 해외 시장 진출 전문 인력 부족
3. 해외 시장 진출 지원 및 육성 방안
• 재정의 투명한 관리 …… ㉣
• 인지도를 높이기 위한 현지 홍보 활동
• 해외 시장 진출 전문 인력 충원

Ⅲ. 결론
• 해외 시장 진출의 전망

① ㉠ : 해외 시장에 진출한 우리 회사 제품 수를 통계 수치로 제시하면 더 좋겠군.
② ㉡ : 다른 나라에 진출한 타 기업 수 현황을 근거 자료로 제시하면 더 좋겠군.
③ ㉢ : 우리 회사에 대한 현지인의 인지도를 타 기업과 비교해 상대적으로 낮음을 보여주면 효과적이겠군.
④ ㉣ : Ⅱ-2를 고려할 때 '해외 시장 진출 관련 재정 확보 및 지원'으로 수정하는 것이 좋겠군.

29 M회사 구내식당에서 근무하고 있는 N씨는 식단을 편성하는 업무를 맡고 있다. 식단편성을 위한 조건이 다음과 같을 때 월요일에 편성되는 식단은?

〈조건〉
- 다음 5개의 메뉴를 월요일~금요일 5일에 각각 하나씩 편성해야 한다.
  - 돈가스 정식, 나물 비빔밥, 크림 파스타, 오므라이스, 제육덮밥
- 월요일에는 돈가스 정식을 편성할 수 없다.
- 목요일에는 오므라이스를 편성할 수 없다.
- 제육덮밥은 금요일에 편성해야 한다.
- 나물 비빔밥은 제육덮밥과 연달아 편성할 수 없다.
- 돈가스 정식은 오므라이스보다 먼저 편성해야 한다.

① 나물 비빔밥
② 크림 파스타
③ 오므라이스
④ 제육덮밥

30 취업을 준비하고 있는 A, B, C, D, E 5명이 지원한 분야는 각각 마케팅, 생산, 출판, 회계, 시설관리 중 한 곳이다. 5명이 모두 서류전형에 합격하여 NCS 직업기초능력평가를 보러 가는데, 이때 지하철, 버스, 택시 중 한 가지를 타고 가려고 한다. 다음 중 옳지 않은 것은? (단, 한 가지 교통수단은 최대 2명만 이용할 수 있고, 한 사람도 이용하지 않는 교통수단은 없다)

- ㉠ 버스는 마케팅, 생산, 출판, 시설관리를 지원한 사람의 회사를 갈 수 있다.
- ㉡ A는 출판을 지원했다.
- ㉢ E는 어떤 교통수단을 이용해도 지원한 회사에 갈 수 있다.
- ㉣ 지하철에는 D를 포함한 두 사람이 탄다.
- ㉤ B가 탈 수 있는 교통수단은 지하철뿐이다.
- ㉥ 버스와 택시가 지나가는 회사는 마케팅을 제외하고 중복되지 않는다.

① B와 D는 같이 지하철을 이용한다.
② E는 택시를 이용한다.
③ A는 버스를 이용한다.
④ E는 회계를 지원했다.

┃31~33┃ 다음은 A전자의 한 영업점에 오늘 입고된 30개의 전자제품의 코드 목록이다. 모든 제품은 A전자에서 생산된 제품이다. 다음의 코드 부여 방식을 참고하여 물음에 답하시오.

RE - 10 - CNB - 2A - 1501	TE - 34 - CNA - 2A - 1501	WA - 71 - CNA - 3A - 1501
RE - 10 - CNB - 2A - 1409	TE - 36 - KRB - 2B - 1512	WA - 71 - CNA - 3A - 1506
RE - 11 - CNB - 2C - 1503	TE - 36 - KRB - 2B - 1405	WA - 71 - CNA - 3A - 1503
RE - 16 - CNA - 1A - 1402	TE - 36 - KRB - 2B - 1502	CO - 81 - KRB - 1A - 1509
RE - 16 - CNA - 1A - 1406	TE - 36 - KRB - 2C - 1503	CO - 81 - KRB - 1A - 1412
RE - 16 - CNA - 1C - 1508	AI - 52 - CNA - 3C - 1509	CO - 83 - KRA - 1A - 1410
TE - 32 - CNB - 3B - 1506	AI - 52 - CNA - 3C - 1508	CO - 83 - KRA - 1B - 1407
TE - 32 - CNB - 3B - 1505	AI - 58 - CNB - 1A - 1412	CO - 83 - KRC - 1C - 1509
TE - 32 - CNB - 3C - 1412	AI - 58 - CNB - 1C - 1410	CO - 83 - KRC - 1C - 1510
TE - 34 - CNA - 2A - 1408	AI - 58 - CNB - 1C - 1412	CO - 83 - KRC - 1C - 1412

〈코드부여방식〉
[제품 종류] - [모델 번호] - [생산 국가/도시] - [공장과 라인] - [제조년월]

〈예시〉
WA - 16 - CNA - 2B - 1501
2015년 1월에 중국 후이저우 2공장 B라인에서 생산된 세탁기 16번 모델

제품 종류 코드	제품 종류	생산 국가/도시 코드	생산 국가/도시
RE	냉장고	KRA	한국/창원
TE	TV	KRB	한국/청주
AI	에어컨	KRC	한국/구미
WA	세탁기	CNA	중국/후이저우
CO	노트북	CNB	중국/옌타이

31 오늘 입고된 제품의 목록에 대한 설명으로 옳은 것은?

① 제품 종류와 모델 번호가 같은 제품은 모두 같은 도시에서 생산되었다.
② 15년에 생산된 제품보다 14년에 생산된 제품이 더 많다.
③ TV는 모두 중국에서 생산된다.
④ 노트북은 2개의 모델만 입고되었다.

32 중국 옌타이 제1공장의 C라인에서 생산된 제품들이 모두 부품결함으로 인한 불량품이었다. 영업점에서 반품해야 하는 제품은 총 몇 개인가?

① 1개
② 2개
③ 3개
④ 4개

33 2015년 11월 6일 한국 청주 제2공장 B라인에서 생산된 에어컨 59번 제품의 코드로 옳은 것은?

① AI – 59 – KRB – 2B – 1511
② AI – 59 – KRA – 2B – 1106
③ AI – 59 – KRB – 2B – 1506
④ AI – 59 – KRA – 2B – 1511

34 다음은 오디오데이터에 대한 설명이다. ㈎, ㈏에 들어갈 용어를 바르게 짝지은 것은?

㈎	– 아날로그 형태의 소리를 디지털 형태로 변형하는 샘플링 과정을 통하여 작성된 데이터 – 실제 소리가 저장되어 재생이 쉽지만, 용량이 큼 – 파일의 크기 계산 : 샘플링 주기×샘플링 크기×시간×재생방식(모노=1, 스테레오=2)
MIDI	– 전자악기 간의 디지털 신호에 의한 통신이나 컴퓨터와 전자악기 간의 통신 규약 – 음성이나 효과음의 저장은 불가능하고, 연주 정보만 저장되므로 크기가 작음 – 시퀀싱 작업을 통해 작성되며, 16개 이상의 악기 동시 연주 가능
㈏	– 고음질 오디오 압축의 표준 형식 – MPEG-1의 압축 방식을 이용하여, 음반 CD 수준의 음질을 유지하면서 1/12정도까지 압축

	㈎	㈏
①	WAVE	AVI
②	WAVE	MP3
③	MP3	WAVE
④	MP3	AVI

35 다음 중 아래의 설명에 해당하는 용어는?

- 정보의 형태나 형식을 변환하는 처리나 처리 방식이다.
- 파일의 용량을 줄이거나 화면크기를 변경하는 등 다양한 방법으로 활용된다.

① 인코딩(encoding)
② 리터칭(retouching)
③ 렌더링(rendering)
④ 디코더(decoder)

36 박대리는 보고서를 작성하던 도중 모니터에 '하드웨어 충돌'이라는 메시지 창이 뜨자 혼란에 빠지고 말았다. 이 문제점을 해결하기 위해 할 수 있는 행동으로 옳은 것은?

① [F8]을 누른 후 메뉴가 표시되면 '부팅 로깅'을 선택한 후 문제의 원인을 찾는다.

② 사용하지 않는 Windows 구성 요소를 제거한다.

③ [Ctrl]+[Alt]+[Delete] 또는 [Ctrl]+[Shift]+[Esc]를 누른 후 [Windows 작업 관리자]의 '응용 프로그램'탭에서 응답하지 않는 프로그램을 종료한다.

④ [시스템] → [하드웨어]에서 〈장치 관리자〉를 클릭한 후 '장치 관리자'창에서 확인하여 중복 설치된 장치를 제거 후 재설치한다.

37 다음은 한글 바로가기 단축키이다. 다음 중 잘못된 내용은?

〈바로가기 단축키〉

F1	도움말	Ctrl+A	전체 선택
F2	찾기 … ㉠	Ctrl+C	복사
F3	블록설정	Ctrl+X	잘라내기
Ctrl+Esc	[시작] 메뉴 표시	Ctrl+V	붙여넣기
Alt+Enter↵	등록 정보 표시		
Alt+F4	창 닫기, 프로그램 종료 … ㉡		
PrtSc	화면 전체를 클립보드로 복사		
Alt+PrtSc	실행 중인 프로그램을 순서대로 전환 … ㉢		
Alt+⇆	실행 중인 프로그램 목록을 보여 주면서 프로그램 전환		
Ctrl+Alt+Del	'Windows 작업관리자' 대화상자 호출 ((Ctrl+Shift+Esc) … ㉣		
Shift	CD 삽입시 자동 실행 기능 정지 … ㉤		

① ㉠

② ㉡

③ ㉢

④ ㉣

┃38~40┃ 다음은 우리나라에 수입되는 물품의 코드이다. 다음 코드 목록을 보고 이어지는 질문에 답하시오.

생산연월	생산지역				상품종류				순서
	지역코드		고유번호		분류코드		고유번호		
• 1602 2016년 2월 • 1608 2016년 8월 • 1702 2017년 2월	1	유럽	A	프랑스	01	가공식품류	001	소시지	00001 부터 시작하여 수입된 물품 순서 대로 5자리의 번호가 매겨짐
			B	영국			002	맥주	
			C	이탈리아			003	치즈	
			D	독일	02	육류	004	돼지고기	
	2	남미	E	칠레			005	소고기	
			F	볼리비아			006	닭고기	
	3	동아시아	G	일본	03	농수산식품류	007	파프리카	
			H	중국			008	바나나	
	4	동남아시아	I	말레이시아			009	양파	
			J	필리핀			010	할라피뇨	
			K	태국			011	후추	
			L	캄보디아			012	파슬리	
	5	아프리카	M	이집트	04	공산품류	013	의류	
			N	남아공			014	장갑	
	6	오세아니아	O	뉴질랜드			015	목도리	
			P	오스트레일리아			016	가방	
							017	모자	
							018	신발	
	7	중동아시아	Q	이란					
			H	터키					

〈예시〉

2016년 3월 남미 칠레에서 생산되어 31번째로 수입된 농수산식품류 파프리카 코드

<u>1603</u> – <u>2E</u> – <u>03007</u> – <u>00031</u>

38 다음 중 2016년 5월 유럽 독일에서 생산되어 64번째로 수입된 가공식품류 소시지의 코드로 맞는 것은?

① 16051A0100100034

② 16051D0200500064

③ 16054K0100200064

④ 16051D0100100064

39 다음 중 아시아 대륙에서 생산되지 않은 상품의 코드를 고르면?

① 16017Q0401800078
② 16054J0300800023
③ 14053G0401300041
④ 17035M0401400097

40 상품코드 17034L0301100001에 대한 설명으로 옳지 않은 것은 무엇인가?

① 첫 번째로 수입된 상품이다.
② 동남아시아에서 수입되었다.
③ 2017년 6월 수입되었다.
④ 농수산식품류에 속한다.

41 요양급여대상 결정신청을 할 때 2단계 경제성 평가에서 실무검토를 해야 하는 것은?

① 치료효과성
② 급여여부 결정
③ 급여적용 시 상대가치점수 산출
④ 관련 법령의 비급여 대상 여부

42 건강보험심사평가원의 역할로 적절하지 않은 것은?

① 급여범위 설정
② 지불제도 운영
③ 보건의료체계 기획
④ 인프라 서비스 운영 및 연구

43 국민건강보험법령에 따라 다음 빈칸을 적절하게 넣은 것은?

> 제2조의2(국민건강보험종합계획의 수립 등)
> ① 보건복지부장관은 법 제3조의2 제1항 전단에 따른 국민건강보험종합계획 및 같은 조 제3항에 따른 연도별 시행계획을 수립하는 경우에는 다음 각 호의 구분에 따른 시기까지 수립하여야 한다.
> 1. 종합계획 : 시행 연도 전년도의 (㉠)까지
> 2. 시행계획 : 시행 연도 전년도의 (㉡)까지

	㉠	㉡
①	5월 31일	1월 31일
②	1월 1일	2월 28일
③	9월 30일	12월 31일
④	10월 1일	11월 1일

44 국민건강보험법령에 따라 보건복지부장관은 종합계획을 수립하거나 변경한 경우 공표해야 하는 방법은?

① 보건복지부 인터넷 홈페이지에 게시
② 관보에 고시
③ 전자메일 전달
④ 우편물 전달

45 국민건강보험법령에 따라 국민건강보험종합계획을 수립할 때 포함되어야 하는 사항이 아닌 것은?

① 요양급여비용에 관한 사항
② 요양기관의 개설 허가 기준에 관한 사항
③ 건강보험의 제도적 기반 조성에 관한 사항
④ 건강증진 사업에 관한 사항

46 국민건강보험법령에 따라 보건복지부장관이 건강보험정책심의위원회의 위원에 임명 또는 위촉하지 않는 자는?

① 근로자단체 및 사용자단체가 추천하는 각 2명
② 국민건강보험공단의 이사장 및 건강보험심사평가원의 원장이 추천하는 각 1명
③ 요양보험에 관해 4년 이상 경력이 있는 4명
④ 의료계를 대표하는 단체 및 약업계를 대표하는 단체가 추천하는 8명

47 국민건강보험법령에 따라 직장가입자에 해당하지 않는 사람은?

① 지원에 의하지 아니하고 임용된 하사
② 고용 기간이 3개월 미만인 일용근로자
③ 비상근 근로자 또는 1개월 동안의 소정(所定)근로시간이 60시간 미만인 단시간근로자
④ 소재지가 일정하지 아니한 사업장의 근로자 및 사용자

48 국민건강보험법령에 따라 다음의 사업을 하는 곳은?

1. 가입자 및 피부양자의 건강관리를 위한 전자적 건강정보시스템의 구축·운영
2. 생애주기별·사업장별·직능별 건강관리 프로그램 또는 서비스의 개발 및 제공
3. 연령별·성별·직업별 주요 질환에 대한 정보 수집, 분석·연구 및 관리방안 제공
4. 고혈압·당뇨 등 주요 만성질환에 대한 정보 제공 및 건강관리 지원

① 건강보험심사평가원　　② 한국보건의료연구원
③ 보건복지부　　　　　　④ 국민건강보험공단

49 국민건강보험법령에 따라 공단은 보험급여를 받을 수 있는 사람이더라도 공단에서 보험급여를 하지 않는 경우는?

① 중대한 과실로 인한 범죄행위에 그 원인이 있는 경우
② 세대단위의 보험료를 체납하고 완납한 경우
③ 고의로 요양기관의 요양에 관한 지시에 따르지 아니한 경우
④ 업무 또는 공무로 생긴 질병·부상·재해로 다른 법령에 따른 보험급여나 보상(報償) 또는 보상(補償)을 받게 되는 경우

50 국민건강보험법령에 따라 징수금을 납부할 의무가 있는 요양기관 또는 요양기관을 개설한 자가 납입 고지 문서에 기재된 납부기한의 다음 날부터 1년이 경과한 징수금을 1억원 이상 체납한 경우 공개하지 않는 것은?

① 징수금 발생의 원인이 되는 위반행위

② 체납액

③ 상호(법인의 명칭)

④ 체납자의 주민등록번호

52 국민건강보험법령에 따라 심사평가원의 원장은 진료심사평가위원회 심사위원을 해임 또는 해촉할 수 있는 경우는?

① 신체장애나 정신장애로 직무를 수행할 수 없다고 인정되는 경우

② 직무상 의무를 위반하거나 직무를 게을리한 경우

③ 겸직을 하고 있는 경우

④ 직무 여부와 관계없이 품위를 손상하는 행위를 한 경우

51 국민건강보험법령에 따라 다음 빈칸에 적절한 것은?

> 원장은 임원추천위원회가 복수로 추천한 사람 중에서
> (   )의 제청으로 대통령이 임명한다.

① 상임이사

② 보건복지부장관

③ 사용자단체

④ 재정경제부장관

53 국민건강보험법령에 따라 지역가입자의 월별보험료를 산정할 때 합산하는 금액을 모두 고른 것은?

> ㉠ 소득
> ㉡ 보수월액
> ㉢ 재산
> ㉣ 부채

① ㉠㉢

② ㉡㉣

③ ㉠

④ ㉢㉣

54 국민건강보험법령에 따라 다음 빈칸에 들어가는 것으로 적절한 것은?

> 제73조(보험료율 등) ① 직장가입자의 보험료율은 (   )의 범위에서 심의위원회의 의결을 거쳐 대통령령으로 정한다.

① 1000분의 50
② 1000분의 80
③ 100분의 50
④ 100분의 80

55 국민건강보험법령에 따라 다음 빈칸에 들어가는 것으로 적절한 것은?

> 제73조(보험료율 등) ② 국외에서 업무에 종사하고 있는 직장가입자에 대한 보험료율은 제1항에 따라 정해진 보험료율의 (   )으로 한다.

① 1000분의 50
② 1000분의 80
③ 100분의 50
④ 100분의 80

56 국민건강보험법령에 따라 재정운영위원회의 의결을 받아 보험료 등을 결손처분할 수 있는 사유는?

① 체납처분이 끝나고 체납액에 충당될 배분금액이 그 체납액에 미치지 못하는 경우
② 해당 권리에 대한 소멸시효가 완성되지 않은 경우
③ 체납자가 강경하게 변제에 충당하고 나면 남을 여지가 없다고 주장하는 경우
④ 징수할 가능성이 없다고 건강보험심사평가원에서 의결한 경우

57 국민건강보험법령에 따라 다음 빈칸에 들어가는 것을 〈보기〉에서 모두 고른 것은?

> 보험료 등은 (   )를 제외한 다른 채권에 우선하여 징수한다. 다만, 보험료 등의 납부기한 전에 전세권·질권·저당권 또는 「동산·채권 등의 담보에 관한 법률」에 따른 담보권의 설정을 등기 또는 등록한 사실이 증명되는 재산을 매각할 때에 그 매각대금 중에서 보험료 등을 징수하는 경우 그 전세권·질권·저당권 또는 「동산·채권 등의 담보에 관한 법률」에 따른 담보권으로 담보된 채권에 대하여는 그러하지 아니하다.

> 〈보기〉
> ㉠ 국세
> ㉡ 국민연금보험료
> ㉢ 지방세
> ㉣ 이자비용

① ㉠㉢
② ㉡㉣
③ ㉡㉢
④ ㉠㉣

58 국민건강보험법령에 따라 직장가입자의 보수 외 소득월액 중 근로소득과 연금소득에서 평가한 금액을 합산할 때 해당 소득에 곱하는 비율은?

① 해당 소득 전액
② 100분의 80
③ 100분의 50
④ 100분의 10

59 국민건강보험법령에 따라 다음 빈칸에 들어가는 것을 모두 고른 것은?

> 1. 환자 진료에 불편을 초래하는 등 공공복리에 지장을 줄 것으로 예상되는 때: 해당 약제에 대한 요양급여비용 총액의 (㉠)을 넘지 아니하는 범위
> 2. 국민 건강에 심각한 위험을 초래할 것이 예상되는 등 특별한 사유가 있다고 인정되는 때: 해당 약제에 대한 요양급여비용 총액의 (㉡)을 넘지 아니하는 범위

	㉠	㉡
①	100분의 10	100분의 5
②	100분의 80	100분의 200
③	100분의 200	100분의 60
④	1000분의 80	1000분의 200

60 국민건강보험법령에 따라 선별급여의 적합성평가 평가항목에 포함되지 않는 것은?

① 치료 효과 및 치료 과정의 개선에 관한 사항
② 비용 효과에 관한 사항
③ 다른 요양급여와의 대체가능성에 관한 사항
④ 국민건강보험공단에 이득에 관한 사항

61 다음 중 건강보험심사평가원에 대한 설명으로 옳지 않은 것은?

① 심사평가원은 요양급여비용을 심사하고 요양급여의 적정성을 평가한다.
② 원장은 대통령이 임명하고 상임이사는 보건복지부장관이 임명한다.
③ 심사평가원에 심사위원회를 둔다.
④ 심사평가원은 요양급여비용의 심사 업무를 하기 위하여 공단으로부터 부담금을 징수할 수 있다.

62 국민건강보험법령에 따라 약제 · 치료재료에 대한 요양비용으로 빈칸에 올바른 것은?

> • 한약제 외의 약제: (㉠)
> • 치료재료: (㉡)

	㉠	㉡
①	구입금액	구입금액
②	상한금액	구입금액
③	구입금액	상한금액
④	하한금액	상한금액

63 국민건강보험법에 따라 다음에서 대통령령으로 정하는 사유에 해당하는 것은?

> 제47조의2(요양급여비용의 지급 보류) ④ 법원의 무죄 판결이 확정되는 등 대통령령으로 정하는 사유로 제1항에 따른 요양기관이 「의료법」 제4조 제2항, 제33조 제2항 · 제8항 또는 「약사법」 제20조 제1항, 제21조 제1항을 위반한 혐의나 「의료법」 제33조 제10항 또는 「약사법」 제6조 제3항 · 제4항을 위반하여 개설 · 운영된 혐의가 입증되지 아니한 경우에는 공단은 지급보류 처분을 취소하고, 지급 보류된 요양급여비용에 지급 보류된 기간 동안의 이자를 가산하여 해당 요양기관에 지급하여야 한다.

① 유죄판결의 확정
② 불기소(혐의없음)
③ 직무와 관련된 비위사실이 있는 경우
④ 적정한 의료 이용을 위한 관리가 필요한 경우

64 국민건강보험법령에 따라 다음의 업무를 하는 곳은?

> 1. 요양급여비용의 심사
> 2. 요양급여의 적정성 평가
> 3. 심사기준 및 평가기준의 개발
> 4. 제1호부터 제3호까지의 규정에 따른 업무와 관련된 조사연구 및 국제협력

① 건강보험심사평가원
② 한국보건의료연구원
③ 보건복지부
④ 국민건강보험공단

65 국민건강보험법령에 따라 임신·출산한 가입자가 임신·출산 진료비 이용권을 이용할 수 있는 기간은?

① 3세 미만 영유아의 출생일부터 3년이 되는 날
② 발급받은 날부터 2년이 되는 날
③ 사산의 경우 그 해당일부터 3년이 되는 날
④ 출산일부터 2년이 되는 날

66 국민건강보험법령에 따라 다음의 업무를 하는 곳은?

> 1. 요양급여비용의 심사청구와 관련된 소프트웨어의 개발·공급·검사 등 전산 관리
> 2. 요양급여의 적정성 평가 결과의 공개
> 3. 지급되는 요양비 중 보건복지부령으로 정하는 기관에서 받은 요양비에 대한 심사
> 4. 제1호부터 제3호까지의 업무를 수행하기 위한 환자 분류체계 및 요양급여 관련 질병·부상 분류체계의 개발·관리
> 5. 제1호부터 제4호까지의 업무와 관련된 교육·홍보

① 국민건강보험공단
② 보건복지부
③ 진료심사평가위원회
④ 건강보험심사평가원

67 국민건강보험법령에 따라 지역가입자의 재산보험료부과점수 당 금액은?

① 211.5원
② 233.2원
③ 312.5원
④ 356.7원

68 국민건강보험법령에 따라 상급종합병원을 제외한 요양기관에 심사평가원의 원장이 분사무소의 장에게 위임할 수 있는 사항은?

① 소프트웨어의 개발·공급·검사 등 전산 관리
② 요양기관 현황신고 및 변경신고에 대한 처리 권한
③ 가입자 및 피부양자의 자격 관리
④ 의료시설의 운영

69 국민건강보험법령에 따라 심사평가원 이사회의 심의·의결 사항에 해당하지 않는 것은?

① 사업운영계획 등 공단 운영의 기본방침에 관한 사항
② 법률의 제정·개정 및 폐지에 관한 사항
③ 준비금, 그 밖에 중요재산의 취득·관리 및 처분에 관한 사항
④ 예산 및 결산에 관한 사항

70 국민건강보험법령 제32조(월별 보험료액의 상한과 하한)에 월별 보험료액의 하한에서 빈칸에 적절한 것은?

> 직장가입자의 보수월액보험료: 보험료가 부과되는 연도의 전전년도 평균 보수월액보험료의 (   )에서 보건복지부장관이 정하여 고시하는 금액

① 100분의 90 이상 100분의 100 이하의 범위
② 1천분의 10 이상 1천분의 50 미만의 범위
③ 1천분의 50 이상 1천분의 85 미만의 범위
④ 100분의 90 이상 100분의 10 이하의 범위

71 국민건강보험 요양급여의 기준에 관한 규칙에 따라 요양급여의 일반원칙에 해당하지 않는 것은?

① 요양기관은 가입자 등의 요양급여에 필요한 적정한 인력·시설 및 장비를 유지하여야 한다.
② 다른 요양기관에서 보유하고 있는 양질의 시설·인력 및 장비를 공동 활용할 수 없다.
③ 요양기관은 요양급여에 필요한 약제·치료재료를 직접 구입하여 가입자에게 지급하여야 한다.
④ 요양급여는 연구 또는 시험(임상연구는 제외한다)의 목적으로 이루어지는 의료행위 등에는 실시해서는 아니 된다.

72 국민건강보험법령 제39조(보수월액보험료의 정산 및 분할 납부)에 따라 공단이 원래 산정·징수한 보수월액보험료의 금액이 제34조부터 제38조까지의 규정에 따라 다시 산정한 보수월액보험료의 금액을 초과하는 경우에는?

① 초과액을 사용자에게 반환

② 사용자로부터 추가로 징수

③ 납부한 보수월액보험료를 다시 산정

④ 12회 이내의 범위에서 분할하여 납부요청

73 국민건강보험법령에 따라 소득월액의 조정에 대한 것으로 옳은 것은?

① 가입자는 폐업을 하는 경우 소득월액 조정을 신청할 수 없다.

② 소득월액을 조정한 이후에 해당 연도의 사업소득 등이 발생한 경우에는 그 사업소득 등이 발생한 날이 속하는 달의 다음 달 1일부터 3개월 이내에 사업소득 등의 발생 사실과 그 금액을 공단에 신고해야 한다.

③ 소득월액을 조정한 이후에 해당 연도의 사업소득 등이 확인된 경우에는 그 확인된 사업소득 등을 기준으로 다음 연도의 소득월액을 다시 산정하여 소득월액보험료를 정산할 수 있다.

④ 공단은 추가로 징수하는 소득월액보험료를 12회 이내의 범위에서 분할하여 납부하게 할 수 있다.

74 국민건강보험법령에 따라 다음 빈칸에 적절한 것은?

( )은 보험료 부과제도에 대한 적정성 평가를 위한 조사 및 연구를 실시할 수 있다.

① 보건복지부장관

② 건강보험심사평가원 원장

③ 국민건강보험공단 이사장

④ 지방자치단체의 장

75 국민건강보험법령에 따라 법 제7조(사업장의 신고)를 위반하여 신고를 하지 않거나 거짓으로 신고한 경우 1차 위반을 한 경우 과태료 금액은?

① 30만원

② 100만원

③ 150만원

④ 300만원

76 국민건강보험 요양급여의 기준에 관한 규칙에 따라 다음 빈칸에 들어가는 것으로 적절한 것은?

> 가입자 등은 요양급여일수에 대한 확인을 공단에 요청할 수 있으며, 요청을 받은 공단은 요양급여비용이 청구되어 지급된 요양급여내역별 요양급여일수를 문서, 팩스 또는 정보통신망 등을 이용하여 (   ) 해당가입자 등에게 통보하여야 한다.

① 지체 없이
② 7일 이내
③ 14일 이내
④ 30일 이내

77 국민건강보험 요양급여의 기준에 관한 규칙에 따라 보건복지부 장관이 요양급여대상의 여부를 결정해야 할 때 고려해야 하는 것이 아닌 것은?

① 의학적 타당성
② 치료효과성 등 임상적 유용성
③ 신기술 개발가능성
④ 건강보험 재정상황

78 국민건강보험 요양급여의 기준에 관한 규칙에 따라 상급병원에서 2단계 요양급여를 받고자 할 때 제출해야하는 것은?

① 상급종합병원에서의 요양급여가 필요하다는 의사소견이 기재된 건강검진결과서
② 신분증명서
③ 건강보험증
④ 장기요양인정서

79 다음 중 건강보험분쟁조정위원회에 대한 설명으로 옳지 않은 것은?

① 심판청구를 심리 · 의결하기 위하여 분쟁조정위원회를 보건복지부에 둔다.
② 분쟁조정위원회는 위원장을 포함하여 60명 이내의 위원으로 구성한다.
③ 위원장을 제외한 위원 중 3명은 당연직위원으로 한다.
④ 분쟁조정위원회의 위원 중 공무원이 아닌 사람은 공무원으로 본다.

80 다음 ㉠㉡에 알맞은 기간은?

요양기관은 요양급여가 끝난 날부터 (㉠)간 보건복지부령으로 정하는 바에 따라 요양급여비용의 청구에 관한 서류를 보존하여야 한다. 다만, 약국 등 보건복지부령으로 정하는 요양기관은 처방전을 요양급여비용을 청구한 날부터 (㉡)간 보존하여야 한다.

  　　㉠　　　　㉡
① 1년 – 1년
② 3년 – 3년
③ 5년 – 3년
④ 7년 – 5년

건강보험심사평가원 봉투모의고사 답안지

절 취 선

성명		

성 명	

번호	①	②	③	④	⑤	⑥	⑦	⑧	⑨	⑩

생년월일

0	1	2	3	4	5	6	7	8	9

답안 (1~80번, 각 ①②③④)

1	① ② ③ ④	21	① ② ③ ④	41	① ② ③ ④	61	① ② ③ ④
2	① ② ③ ④	22	① ② ③ ④	42	① ② ③ ④	62	① ② ③ ④
3	① ② ③ ④	23	① ② ③ ④	43	① ② ③ ④	63	① ② ③ ④
4	① ② ③ ④	24	① ② ③ ④	44	① ② ③ ④	64	① ② ③ ④
5	① ② ③ ④	25	① ② ③ ④	45	① ② ③ ④	65	① ② ③ ④
6	① ② ③ ④	26	① ② ③ ④	46	① ② ③ ④	66	① ② ③ ④
7	① ② ③ ④	27	① ② ③ ④	47	① ② ③ ④	67	① ② ③ ④
8	① ② ③ ④	28	① ② ③ ④	48	① ② ③ ④	68	① ② ③ ④
9	① ② ③ ④	29	① ② ③ ④	49	① ② ③ ④	69	① ② ③ ④
10	① ② ③ ④	30	① ② ③ ④	50	① ② ③ ④	70	① ② ③ ④
11	① ② ③ ④	31	① ② ③ ④	51	① ② ③ ④	71	① ② ③ ④
12	① ② ③ ④	32	① ② ③ ④	52	① ② ③ ④	72	① ② ③ ④
13	① ② ③ ④	33	① ② ③ ④	53	① ② ③ ④	73	① ② ③ ④
14	① ② ③ ④	34	① ② ③ ④	54	① ② ③ ④	74	① ② ③ ④
15	① ② ③ ④	35	① ② ③ ④	55	① ② ③ ④	75	① ② ③ ④
16	① ② ③ ④	36	① ② ③ ④	56	① ② ③ ④	76	① ② ③ ④
17	① ② ③ ④	37	① ② ③ ④	57	① ② ③ ④	77	① ② ③ ④
18	① ② ③ ④	38	① ② ③ ④	58	① ② ③ ④	78	① ② ③ ④
19	① ② ③ ④	39	① ② ③ ④	59	① ② ③ ④	79	① ② ③ ④
20	① ② ③ ④	40	① ② ③ ④	60	① ② ③ ④	80	① ② ③ ④

건강보험 심사평가원

필기시험

- 정답 및 해설 -

SEOWONGAK

(주)서원각

직업기초능력평가

1 ①

공문서는 시행일자 뒤에 수신처에서 문서를 보존할 기간을 기입해야 하지만 행정기관이 아닌 경우에는 기재를 하지 않아도 된다. 참고로 보존기간의 표시로는 영구, 준영구, 10년, 5년, 3년, 1년 등을 사용한다.

2 ②

사회보험의 종류에는 공적연금, 건강보험, 산재보험, 고용(실업)보험, 노인장기요양보험 등이 있으며 공적연금은 다시 노령연금, 유족연금, 장애연금으로 구분된다.

3 ④

토론의 주제는 찬성과 반대로 뚜렷하게 나뉘어질 수 있는 것이 좋다. 위 토론의 주제는 찬성(전교생을 대상으로 무료급식을 시행해야 한다.)과 반대(전교생을 대상으로 무료급식을 시행해서는 안 된다.)로 분명하게 나뉘어지므로 옳은 주제라 할 수 있다.

4 ③

(가)에서 나무꾼은 도끼날이 무뎌졌다는 근본적인 원인을 찾지 못 해 지칠 때까지 힘들게 나무를 베다가 결국 바닥에 드러눕고 말았다. 따라서 이를 끈기 있게 노력하지 않고 좋은 결과를 바라는 업무 태도 개선에 적용하는 것은 적용 대상의 모색이 잘못된 것이다.

5 ①

입찰 매매는 서면으로 최고 및 최저 가격을 제시한 자와 계약을 체결하며 주로 관공서나 공기업 등의 물품 구입이나 공사 발주 시 이용된다.

6 ②

기업의 자금 조달 중 보통주 발행은 자기 자본으로 형성되며 주식에 투자한 주주는 경영 참가권을 갖게 된다. 채권 발행은 타인 자본이며, 기업은 이자 부담과 원금 상환 의무를 가지게 된다.

7 ③

③ 절약은 소비를 줄이는 행동이지만 이를 통해 원자로 1기를 덜 지어도 동일한 생산 효과를 얻을 수 있다는 말이다.
① 절약을 통해 생산이 감소한다는 것은 단순하게 이해한 것으로, 절약을 통해 불필요한 생산을 막을 수 있다는 의미가 드러나지 않았다.
② 절약으로 전력 사용량을 감소시킬 수 있다.
④ 전후 관계가 반대로 되었다.

8 ④

④ 글쓴이는 우리가 처해진 문제 상황을 제시하고 이 속에서 에너지의 절약은 선택 사항이 아니라 반드시 해야 하는 필수임을 강조하고 있다.

9 ①

주어진 글은 하회 마을 여행을 권유하는 안내문으로, 하회 마을과 그 주변 지역의 대표적인 관광지에 대한 정보를 제시한 후에, 하회 마을의 여행 일정을 추천하고 하회 마을 여행의 의의를 밝히고 있다.

10 ③

좋은 글은 한 번에 완성되지 않는다. 따라서 효과적으로 자신의 의도를 표현하기 위해서는 글을 쓰면서 조정과 점검의 과정을 거치는 것이 좋다. 글쓴이는 5월이 가족 여행하기에 좋은 계절이라고 말하고 하회 마을이 가족 여행지로 적합하다는 점을 강조하고 있다. 〈보기〉의 내용은 그렇게 표현하는 과정에서 좀 더 독자들의 관심을 끌고 이해를 돕기 위해 내용을 적절하게 조정하고 점검하는 내용에 해당한다.

11 ③

① 김 교수의 첫 번째 발언에서 확인할 수 있다.
② 이 교수의 첫 번째 발언에서 확인할 수 있다.
④ 이 교수의 마지막 발언에서 확인할 수 있다.

12 ②

② 김 교수는 앞서 말한 이 교수의 의견에 공감을 표하며 자신의 의견을 덧붙이는 방식으로 자신의 의견을 표현하고 있다.

13 ②

주어진 조건에 의해 다음과 같이 계산할 수 있다.
$\{(1,000,000 + 100,000 + 200,000) \times 12$
$+ (1,000,000 \times 4) + 500,000\} \div 365 \times 30$
$= 1,652,055$원
따라서 소득월액은 1,652,055원이 된다.

14 ③

4명의 참석자를 각각 A, B, C, D라 하고
좌석을 a, b, c, d라 하면
4명 중 A만 자신의 자리 a에 앉고
나머지 좌석에 3명이 앉을 경우의 수는
$3 \times 2 \times 1 = 6$가지
그러나 3명은 모두 자신의 자리가 아닌 곳에 앉아야 하므로 (A, C, D, B), (A, D, B, C)의 2가지만 조건에 해당된다.

a	A					
b	B		C		D	
c	C	D	B	D	B	C
d	D	C	D	B	C	B

그러므로 경우의 수는 $4 \times 2 = 8$가지가 된다.

15 ③

⑺ 경상수지, ⑻ 본원소득수지
경상수지는 상품수지, 서비스수지, 본원소득수지, 이전소득수지로 구성되며, 자본금융 계정은 자본수지와 금융계정으로 구성된다.
㉠ 경상수지 적자가 지속되면 통화량이 줄어들어 디플레이션이 발생할 수 있다.
㉡ 국내 기업이 보유하고 있는 외국인의 배당금을 해외로 송금하면 본원소득수지에 영향을 미친다.
㉢ 국내 기업이 외국에 주식을 투자할 경우 영향을 미치는 수지인 금융계정은 흑자이다.
㉣ 외국 기업이 보유한 특허권 이용료 지불이 영향을 미치는 서비스수지는 적자를 기록하고 있다.

16 ③

고등학교	국문학과	경제학과	법학과	기타	진학 희망자수
A	(420명) 84명	(70명) 7명	(140명) 42명	(70명) 7명	700명
B	(250명) 25명	(100명) 30명	(200명) 60명	(100명) 30명	500명
C	(60명) 21명	(150명) 60명	(120명) 18명	(180명) 18명	300명
D	(20명) 6명	(100명) 25명	(320명) 64명	(120명) 24명	400명

ⓒ 국문학과에 가장 많이 진학한 고등학교 순서는 A, B, C, D이다.

㉠ 경제학과에 입학한 학생수는 B는 100명, D는 100명이다. 합격한 학생수는 B와 D는 동일하다.

ⓛ A에서 법학과 합격한 학생은 140명, C에서 국문학과 합격한 학생은 60명이다. 학생수 차이는 80명이다.

17 ②

② 1인당 양육비는 영·유가가 1인 가구인 경우에 852,000원으로 가장 많다.

① 1인 가구인 경우 852,000원, 2인 가구인 경우 662,000원, 3인 가구인 경우 520,000원으로 영·유아 수가 많을수록 1인당 양육비가 감소하고 있다.

③ 소비 지출액 대비 총양육비 비율은 1인 가구인 경우 39.8%로 가장 낮다.

④ 영·유아 1인 가구와 2인 가구의 총양육비 합은 2,176,000원으로 영·유아 3인 가구 총양육비의 2배인 3,174,000원보다 적다.

18 ①

할부 이용시 연이율은 3%가 적용되지만, 선수금이 10% 오르는 경우 0.5% 하락하므로 초기비용으로 500만 원을 지불하면 연이율은 2.5%가 적용된다.

19 ③

설치일로부터 18개월 이후 해지시 위약금은 남은 약정금액의 10%이므로

(690,000원×19회)×0.1=1,311,000원

20 ①

$$\frac{이수인원}{계획인원}\times100=\frac{2,159.0}{5,897.0}\times100≒36.7(\%)$$

21 ①

ⓒ 다문화 가정의 취학 학생 수가 26,015명에서 31,788명으로 약 22.2%가 증가하였다.

ⓔ 2023년에는 그 비중이 전년도에 비해 감소하였다.

22 ④

$$보증료=보증금액\times최종\ 적용\ 보증료율\times\frac{보증기간}{365}$$

보증금액은 150억 원
최종 적용 보증료율은 CCRS 기준 K6등급이므로 1.2%의 보증료율, 보증비율 미충족이므로 가산요율 0.2%p, 물가안정 모범업소로 지정받았으므로 차감요율 0.2%p를 모두 합하여 계산하면

$$150억\ 원\times(1.2\%+0.2\%-0.2\%)\times\frac{73}{365}=3,600만\ 원$$

23 ①

사슴=판다+토끼
기린=사자+토끼
사슴 2=판다 4~사자 2
기린 2=판다 2+사자 4
기린 4+사슴 3=토끼 5+판다 7+사자 5
사자 5=기린 2
여기서 사자 5에 기린 2를 대입하면
기린 4+사슴 3=토끼 5+판다 7+기린 2
기린 2+사슴 3=토끼 5+판다 7
→ 사슴=판다+토끼를 대입하면

기린 2+판다 3+토끼 3=토끼 5+ 판다 7
→ 기린 2=토끼 2+판다 4
여기서 기린=사자+토끼를 대입하면
사자 2+토끼 2=토끼 2+ 판다 4
사자==판다 2 이므로 사자 인형의 가격은 2,000원
토끼 인형은 3,000원, 사슴 인형은 4,000원, 기린
인형은 5,000원이 된다.

24 ④

주체 높임은 용언의 어간에 높임의 선어말 어미 '-시
-'를 붙여 문장의 주체를 높인다.
㉣에서는 종결어미 '-지요'를 사용하여 청자에게 높임
의 태도를 나타내는 상대 높임 표현이 쓰였다.

25 ④

김 실장은 B국가의 소비가 급등한 원인을 1인 가구
의 급속한 증가로 인한 것으로 보았으나 A국가는 10
가구 중 9가구가 자녀가 있으며, 부양가족의 수가 많
으면 소비가 낮다는 것을 고려한 것이다.

26 ①

만약 A가 범인이라고 가정한다면

	A	B	C
첫 번째 진술	×	×	○
두 번째 진술			×
세 번째 진술			×

C의 두 번째와 세 번째 진술은 거짓이므로 A와 C
는 만나 적이 있다.
그러면 A의 세 번째 진술은 참이 되고 A의 두 번째
진술과 B의 세 번째 진술은 거짓이 된다.
이 경우 B의 첫 번째 진술과 세 번째 진술이 거짓이므
로 두 번째 진술은 참이 되어야 하는데 C이 두 번째
진술과 상충되므로 가정을 한 A는 범인이 아니다.
C가 범인이라고 가정을 하면 A-㉢, B-㉡, C-㉠
이 진실일 때 모순이 없다.

27 ②

〈보기〉의 내용을 문제에 더해서 생각하면 'C는 변호
사이다.'를 참으로 가정하면

	교사	변호사	의사	경찰	
A	×	×	×	○	경찰
B	○	×	×	×	교사
C	×	○	×	×	변호사
D	×	×	○	×	의사

이렇게 되나, '① A는 교사와 만났지만, D와는 만나
지 않았다.'와 '④ D는 경찰과 만났다.'는 모순이 된
다. 그러므로 ㉠ C는 변호사이다 → 거짓
㉡의 명제를 참이라고 가정하면 의사와 경찰은 만났
으므로 B, C는 둘 다 의사와 경찰이 아니다. D는
경찰이 아니므로 A가 경찰, D가 의사가 된다. 그러
나 ①에서 A와 D는 만나지 않았다고 했으므로 ④에
서 만났다고 해도 모순이 된다.
그러므로 ㉠과 ㉡은 모두 거짓이다.

28 ②

한 명만이 진실을 말하고 있는 경우의 명제추리 문제
는 주어진 조건을 하나씩 대입하여 모순이 없는 것을
찾는 방법으로 풀어볼 수 있다.
· 갑이 참을 말하는 경우 : 갑은 지역가입자이다. 이
  경우 을은 거짓이므로 을도 지역가입자가 된다. 따
  라서 모순이 된다.
· 을이 참을 말하는 경우 : 을은 지역가입자가 아니므
  로 사업장 가입자 또는 임의가입자가 된다. 병은 거
  짓이므로 병은 임의가입자가 된다. 그러면 을은 사
  업장 가입자가 된다. 남는 것은 갑과 지역가입자인
  데 을의 말이 참이라면 갑의 말은 거짓이므로 갑은
  지역가입자가 아니어야 하여 또한 모순이 된다.
· 병이 참을 말하는 경우 : 을은 지역가입자가 된다.
  갑은 지역가입자가 아니므로 사업장 가입자 또는 임
  의가입자가 되고, 병은 사업장 가입자 또는 지역가
  입자가 된다. 이 경우, 을이 지역가입자이므로 병은
  나머지 하나인 사업장 가입자가 된다.

이에 따라 갑은 나머지 하나인 임의가입자가 되면 아무런 모순 없이 세 명의 가입자 지위가 정해지게 된다.

※ 정리하면 갑은 임의가입자, 을은 지역가입자, 병은 사업장 가입자가 된다.

29 ②

- 화, 수, 목 중에 실시해야 하는 금연교육을 4회 실시하기 위해서는 반드시 화요일에 해야 한다.
- 금주교육이 월요일과 금요일을 제외한 다른 요일에 시행하므로 10일 이전, 같은 주에 이틀 연속으로 성교육을 실시할 수 있는 날짜는 4~5일뿐이다.
- 상황과 조건에 따라 A대학교 보건소의 교육 일정을 정리해 보면 다음과 같다.

월	화	수	목	금	토	일
1	금연 2	3	성 4	성 5	X 6	X 7
8	금연 9	10	11	12	X 13	X 14
15	금연 16	17	18	19	X 20	X 21
중 22	간 23	고 24	사 25	주 26	X 27	X 28
29	금연 30					

- 금주교육은 (3, 10, 17), (3, 10, 18), (3, 11, 17), (3, 11, 18) 중 실시할 수 있다.

30 ①

수정을 먼저 살펴보면 수정은 종로, 명동에 거주하지 않으므로 강남에 거주한다.

미연은 명동에 거주하지 않고 수정이 강남에 거주하므로 종로에 거주한다.

수진은 당연하게 명동에 거주하며, 직장은 종로이다.

또한 수정의 직장이 위치한 곳이 수진이 거주하는 곳이므로 수정의 직장은 명동이다.

그러면 당연하게 미연의 직장이 위치한 곳은 강남이 된다.

31 ③

- ㉢ 팀장님이 월요일에 휴가를 쓴다고 하였다. → 월요일은 안 된다.
- ㉣ 실장님이 김 대리에게 우선권을 주어 휴가를 쓸 수 있는 요일이 수, 목, 금이 되었다. → 휴가를 쓸 수 있는 날이 수, 목, 금이라는 말은 화요일이 공휴일임을 알 수 있다.
- ㉤ 김 대리는 5일에 붙여서 휴가를 쓰기로 하였다.

그럼 여기서 공휴일에 붙여서 휴가를 쓰기로 했으므로 화요일이 공휴일이므로 수요일에 휴가를 쓰게 된다.

32 ③

"VLOOKUP(B3, $B$8:$C$10, 2, 0)"의 함수를 해설해보면 B3의 값(콜롬비아)을 B8:C10에서 찾은 후 그 영역의 2번째 열(C열, 100g당 단가)에 있는 값을 나타내는 함수이다. 금액은 "수량 × 단가"으로 나타내므로 D3셀에 사용되는 함수식은 "=C3*VLOOKUP(B3, $B$8: $C$10, 2, 0)"이다.

※ HLOOKUP과 VLOOKUP

ㄱ HLOOKUP : 배열의 첫 행에서 값을 검색하여, 지정한 행의 같은 열에서 데이터를 추출

ㄴ VLOOKUP : 배열의 첫 열에서 값을 검색하여, 지정한 열의 같은 행에서 데이터를 추출

33 ①

문제에서는 서비스의 특징 중 '소멸성'에 대해 묻고 있다. 소멸성은 판매되지 않은 서비스는 사라지며 이를 재고로 보관할 수 없다는 것을 말한다. 설령, 구매되었다 하더라도 이는 1회로서 소멸을 하고, 더불어 이에 따르는 서비스의 편익도 사라지게 되는 것이다. 문제에서 보면, 운송약관 7번은 '사용하지 않은 승차권은 출발시간이 지나면 사용할 수 없습니다.'인데 이것은 제공되는 서비스를 해당 시점에서 즉각적으로 이용하지 못할 경우에 다음 날 같은 차량, 좌석 번호가 일치하더라도 사용하지 못하는 즉, 해당 시점에서 사용하지 못한 서비스는 재고로 보관할 수 없다는 것을 의미한다.

34 ④

④ 대상승차권은 무궁화호 이상의 모든 열차승차권을 의미한다. 하지만 지하철에 대한 내용은 언급되어 있지 않다.

35 ①

(나)의 그림에서 가운데 상단을 보면 나의 접속 상태가 '온라인'으로 표시가 되어 있으며 그 아래에는 상대방이 인터넷에 연결되었는지 또는 연결되어 있지 않은지가 표시되어 있다.

36 ②

- 2025년 5월 : 2505
- 부산 3공장 : 3I
- 서재가구 책상 : 03012
- 19번째로 생산 : 00019

37 ②

'25063G0200700031', '25054J0201000005' 총 2개이다.

38 ①

① 고건국이 책임자로 있는 물류창고에는 광주 1공장에서 생산된 제품이 보관되어 있고 문정진이 책임자로 있는 물류창고에는 광주 2공장에서 생산된 제품이 보관되어 있다.

39 ③

③ 특정한 데이터만을 골라내는 기능을 필터라고 하며 이 작업을 필터링이라 부른다.
① 원하는 기준에 따라 서식을 변경하는 기능으로 특정 셀을 강조할 수 있다.
② 원하는 단어를 찾는 기능이다.
④ 무작위로 섞여있는 열을 기준에 맞춰 정렬하는 기능으로 오름차순 정렬, 내림차순 정렬 등이 있다.

40 ③

A=1, S=1
A=2, S=1+2
A=3, S=1+2+3
…
A=10, S=1+2+3+…+10
∴ 출력되는 S의 값은 55이다.

직무수행능력평가

41 ④

④ 국민건강보험공단의 업무에 해당한다.

※ 건강보험심사평가원의 업무〈국민건강보험법 제63조 (업무 등) 제1항〉

1. 요양급여비용의 심사
2. 요양급여의 적정성 평가
3. 심사기준 및 평가기준의 개발
4. 제1호부터 제3호까지의 규정에 따른 업무와 관련된 조사연구 및 국제협력
5. 다른 법률에 따라 지급되는 급여비용의 심사 또는 의료의 적정성 평가에 관하여 위탁받은 업무
6. 그 밖에 이 법 또는 다른 법령에 따라 위탁받은 업무
7. 건강보험과 관련하여 보건복지부장관이 필요하다고 인정한 업무
8. 그 밖에 보험급여 비용의 심사와 보험급여의 적정성 평가와 관련하여 대통령령으로 정하는 업무

42 ④

㉠㉡ 국민건강보험법 제63조(업무) 제1항
㉢㉣ 국민건강보험법 시행령 제28조(업무) 제1항

43 ③

이 법에 따른 건강보험사업은 (㉠ 보건복지부장관)이 맡아 주관한다〈국민건강보험법 제2조(관장)〉.

44 ①

②③④ 국민건강보험법 제10조(자격의 상실 시기 등) 제1항

※ 자격의 변동 시기 등〈국민건강보험법 제9조 제1항〉 … 가입자는 다음 각 호의 어느 하나에 해당하게 된 날에 그 자격이 변동된다.

1. 지역가입자가 적용대상사업장의 사용자로 되거나, 근로자 · 공무원 또는 교직원으로 사용된 날
2. 직장가입자가 다른 적용대상사업장의 사용자로 되거나 근로자등으로 사용된 날
3. 직장가입자인 근로자등이 그 사용관계가 끝난 날의 다음 날
4. 적용대상사업장에 제7조 제2호에 따른 사유가 발생한 날의 다음 날
5. 지역가입자가 다른 세대로 전입한 날

45 ③

등기〈국민건강보험공단 제18조〉 … 공단의 설립등기에는 다음 각 호의 사항을 포함하여야 한다.

1. 목적
2. 명칭
3. 주된 사무소 및 분사무소의 소재지
4. 이사장의 성명 · 주소 및 주민등록번호

46 ④

약제에 대한 요양급여비용 상한금액의 감액 등〈국민건강보험법 제41조의2 제1항〉 … 보건복지부장관은 「약사법」 제47조 제2항의 위반과 관련된 제41조 제1항 제2호의 약제에 대하여는 요양급여비용 상한금액(제41조 제3항에 따라 약제별 요양급여비용의 상한으로 정한 금액을 말한다. 이하 같다)의 100분의 20을 넘지 아니하는 범위에서 그 금액의 일부를 감액할 수 있다.

47 ①

지역가입자의 보험료율과 재산보험료부과점수당 금액은 심의위원회의 의결을 거쳐 대통령령으로 정한다〈국민건강보험법 제73조 제3항〉.

48 ①

① 3년 이하의 징역 또는 3천만 원 이하의 벌금에, 나머지는 1년 이하의 징역 또는 1천만 원 이하의 벌금에 처한다.
※ **벌칙**〈국민건강보험법 제115조 제2항, 제5항〉
　② 다음의 어느 하나에 해당하는 자는 3년 이하의 징역 또는 3천만 원 이하의 벌금에 처한다.
　　1. 대행청구단체의 종사자로서 거짓이나 그 밖의 부정한 방법으로 요양급여비용을 청구한 자
　　2. 제102조 제2호를 위반하여 업무를 수행하면서 알게 된 정보를 누설하거나 직무상 목적 외의 용도로 이용 또는 제3자에게 제공한 자
　⑤ 다음의 어느 하나에 해당하는 자는 1년 이하의 징역 또는 1천만 원 이하의 벌금에 처한다.
　　1. 제42조의2 제1항 및 제3항을 위반하여 선별급여를 제공한 요양기관의 개설자
　　2. 제47조 제7항을 위반하여 대행청구단체가 아닌 자로 하여금 대행하게 한 자
　ⓒ 제93조를 위반한 사용자
　ⓔ 제98조 제2항을 위반한 요양기관의 개설자

49 ③

③ 500만 원 이하의 과태료를 부과한다〈국민건강보험법 제119조 제3항〉.
※ **과태료**〈국민건강보험법 제119조 제4항〉 … 다음에 해당하는 자에게는 100만 원 이하의 과태료를 부과한다.
　㉠ 제12조(건강보험증) 제4항을 위반하여 정당한 사유 없이 건강보험증이나 신분증명서로 가입자 또는 피부양자의 본인 여부 및 그 자격을 확인하지 아니하고 요양급여를 실시한 자
　㉡ 제96조의4(서류의 보존)을 위반하여 서류를 보존하지 아니한 자
　㉢ 제103조(공단 등에 대한 감독 등)에 따른 명령을 위반한 자
　㉣ 제105조(유사명칭의 사용금지)를 위반한 자

50 ③

과징금〈국민건강보험법 제99조 제7항〉 … 보건복지부장관은 과징금을 징수하기 위하여 필요하면 다음의 사항을 적은 문서로 관할 세무관서의 장 또는 지방자치단체의 장에게 과세정보의 제공을 요청할 수 있다.
　㉠ 납세자의 인적사항
　㉡ 사용 목적
　㉢ 과징금 부과 사유 및 부과 기준

51 ④

④ 금융정보 등의 제공 요청 및 제공 절차 등에 필요한 사항은 대통령령으로 정한다〈국민건강보험법 제96조의2 제4항〉.

52 ④

④ 공단은 보험료 등을 내야 하는 자가 보험료 등을 내지 않아 독촉할 때에는 10일 이상 15일 이내의 납부기한을 정하여 독촉장을 발부하여야 한다〈국민건강보험법 제81조 제2항〉.

53 ①

① 보수월액보험료는 사용자가 납부하고 보수 외 소득월액보험료는 직장가입자가 납부한다〈국민건강보험법 제77조 제1항〉.
※ **보험료 납부의무**〈국민건강보험법 제77조 제1항〉
　㉠ **보수월액보험료** : 사용자. 이 경우 사업장의 사용자가 2명 이상인 때에는 그 사업장의 사용자는 해당 직장가입자의 보험료를 연대하여 납부한다.
　㉡ **소득월액보험료** : 직장가입자

54 ①

건강검진〈국민건강보험법 제52조〉

㉠ 공단은 가입자와 피부양자에 대하여 질병의 조기 발견과 그에 따른 요양급여를 하기 위하여 건강검진을 실시한다.

㉡ 건강검진의 종류 및 대상은 다음과 같다.
  • 일반건강검진 : 직장가입자, 세대주인 지역가입자, 20세 이상인 지역가입자 및 20세 이상인 피부양자
  • 암검진 : 암의 종류별 검진주기와 연령 기준 등에 해당하는 사람
  • 영유아건강검진 : 6세 미만의 가입자 및 피부양자

㉢ 건강검진의 검진항목은 성별, 연령 등의 특성 및 생애 주기에 맞게 설계되어야 한다.

㉣ 건강검진의 횟수ㆍ절차와 그 밖에 필요한 사항은 대통령령으로 정한다.

55 ②

㉢㉥은 심사평가원의 업무이다.

※ **심사평가원의 업무**〈국민건강보험법 제63조 제1항〉
  ㉠ 요양급여비용의 심사
  ㉡ 요양급여의 적정성 평가
  ㉢ 심사기준 및 평가기준의 개발
  ㉣ ㉠부터 ㉢까지의 규정에 따른 업무와 관련된 조사연구 및 국제협력
  ㉤ 다른 법률에 따라 지급되는 급여비용의 심사 또는 의료의 적정성 평가에 관하여 위탁받은 업무
  ㉥ 그 밖에 국민건강보험법 또는 다른 법령에 따라 위탁받은 업무
  ㉦ 건강보험과 관련하여 보건복지부장관이 필요하다고 인정한 업무
  ㉧ 그 밖에 보험급여 비용의 심사와 보험급여의 적정성 평가와 관련하여 대통령령으로 정하는 업무

56 ③

① 보수월액 보험료는 직장가입자와 사용자가 각각 50%씩 나누어 부담한다. 가입자 개인이 전액 납부하는 것이 아니다〈국민건강보험법 제76조 제1항〉.

② 직장가입자의 보수월액보험료는 직장가입자와 사업자가 각각 보험료액의 100분의 50씩 부담한다〈국민건강보험법 제76조 제1항〉.

④ 직장가입자의 보수 외 소득월액보험료는 직장가입자가 부담한다〈국민건강보험법 제76조 제2항〉.

57 ①

① 국민건강보험법 제57조 제2항 제1호

② 사용자나 가입자의 거짓 보고나 거짓 증명(건강보험증이나 신분증명서를 양도ㆍ대여하여 다른 사람이 보험급여를 받게 하는 것을 포함한다), 요양기관의 거짓 진단이나 거짓 확인(건강보험증이나 신분증명서로 가입자 또는 피부양자의 본인 여부 및 그 자격을 확인하지 아니한 것을 포함한다) 또는 준요양기관이나 보조기기를 판매한 자의 속임수 및 그 밖의 부당한 방법으로 보험급여가 실시된 경우 공단은 이들에게 보험급여를 받은 사람과 연대하여 제1항에 따른 징수금을 내게 할 수 있다〈법 제57조 제3항〉.

③ 공단은 속임수나 그 밖의 부당한 방법으로 보험급여를 받은 사람과 같은 세대에 속한 가입자(속임수나 그 밖의 부당한 방법으로 보험급여를 받은 사람이 피부양자인 경우에는 그 직장가입자를 말한다)에게 속임수나 그 밖의 부당한 방법으로 보험급여를 받은 사람과 연대하여 징수금을 내게 할 수 있다〈법 제57조 제4항〉.

④ 요양기관이 가입자나 피부양자로부터 속임수나 그 밖의 부당한 방법으로 요양급여비용을 받은 경우 공단은 해당 요양기관으로부터 이를 징수하여 가입자나 피부양자에게 지체 없이 지급하여야 한다. 이 경우 공단은 가입자나 피부양자에게 지급하여야 하는 금액을 그 가입자 및 피부양자가 내야 하는 보험료 등과 상계할 수 있다〈법 제57조 제5항〉.

58 ②

② 약제에 대한 요양급여비용 상한금액의 감액 및 요양급여 적용 정지의 기준, 절차, 그 밖에 필요한 사항은 대통령령으로 정한다〈국민건강보험법 제41조의2 제4항〉.

① 법 제41조의2 제1항

③ 법 제41조의2 제2항

④ 법 제41조의2 제3항

59 ①

보건복지부장관은 요양급여대상으로 결정하여 고시한 약제에 대하여 보건복지부령으로 정하는 바에 따라 요양급여대상 여부, 범위, 요양급여비용 상한금액 등을 직권으로 조정할 수 있다〈국민건강보험법 제41조의3 제5항〉.

60 ④

요양급여를 결정함에 있어 경제성 또는 치료효과성 등이 불확실하여 그 검증을 위하여 추가적인 근거가 필요하거나, 경제성이 낮아도 가입자와 피부양자의 건강회복에 잠재적 이득이 있는 등 대통령령으로 정하는 경우에는 예비적인 요양급여인 선별급여로 지정하여 실시할 수 있다〈국민건강보험법 제41조의4 제1항〉.

61 ②

① 보건복지부장관은 법 제42조의2 제3항에 따라 선별급여의 실시 제한을 위하여 필요하다고 인정하는 경우에는 선별급여 실시기관에 대하여 관련 자료를 요구하거나 선별급여의 실시 현황을 확인·점검할 수 있다〈국민건강보험 요양급여의 기준에 관한 규칙 제14조의5(선별급여의 실시 제한) 제1항〉.

③ 선별급여 실시기관이 시정명령을 이행하지 않는 경우에는 3개월의 범위에서 선별급여의 실시를 제한할 수 있다〈국민건강보험 요양급여의 기준에 관한 규칙 제14조의5(선별급여의 실시 제한) 제3항〉.

④ 선별급여 실시기관이 선별급여 실시 제한기간이 끝난 후에 다시 선별급여를 실시하려는 경우에는 선별급여실시조건의 충족 여부를 입증하는 서류를 건강보험심사평가원장을 거쳐 보건복지부장관에게 제출해야 한다〈국민건강보험 요양급여의 기준에 관한 규칙 제14조의5(선별급여의 실시 제한) 제4항〉.

62 ③

보건복지부장관은 (㉠ 치료재료(인체조직은 제외) 및 약제의 요양급여대상 여부) 및 (㉡ 상한금액)에 관하여 보건복지부, 국민건강보험공단 및 건강보험심사평가원으로부터 독립적으로 검토할 수 있는 절차를 마련하여야 한다〈국민건강보험 요양급여의 기준에 관한 규칙 제13조의2(독립적 검토절차) 제1항〉.

63 ①

방문요양급여 실시 사유〈국민건강보험 요양급여의 기준에 관한 규칙 제8조의3〉

1. 「장애인 건강권 및 의료접근성 보장에 관한 법률」 제16조 제1항에 따른 장애인 건강 주치의 제도의 대상이 되는 중증장애인

2. 「호스피스·완화의료 및 임종과정에 있는 환자의 연명의료결정에 관한 법률」 제2조 제3호에 따른 말기환자(末期患者)

3. 가정형 인공호흡기를 사용하는 등 일정 수준 이상의 의료적 요구가 있어 방문요양급여를 제공받을 필요가 있는 18세 미만 환자

4. 그 밖에 질병, 부상, 출산 등으로 거동이 불편하여 방문요양급여가 필요하다고 보건복지부장관이 정하여 고시하는 경우에 해당하는 사람

64 ④

④ 지역가입자의 월별 보험료액은 다음 각 호의 구분에 따라 산정한 금액을 합산한 금액으로 한다. 이 경우 보험료액은 세대 단위로 신청한다〈국민건강보험법 제69조 제5항〉.
① 〈국민건강보험법 제69조 제1항〉
② 〈국민건강보험법 제75조 제1항〉
③ 〈국민건강보험법 제78조 제1항〉

65 ②

위반사실의 공표 사항〈국민건강보험법 제100조 제1항〉
㉠ 위반 행위
㉡ 처분 내용
㉢ 해당 요양기관의 명칭·주소 및 대표자 성명
㉣ 그 밖에 다른 요양기관과의 구별에 필요한 사항으로서 대통령령으로 정하는 사항

66 ②

가입자 등이 3개 이상의 요양기관을 방문하여 동일한 상병(傷病)으로 동일성분 의약품을 처방·조제 받을 수 있는 일수는 6개월 동안 215일 미만으로 한다. 이 경우 구체적인 인정기준과 관리 등 필요한 사항은 보건복지부장관이 정하여 고시한다〈국민건강보험 요양급여의 기준에 관한 규칙 제5조의3(동일성분 의약품의 중복 처방·조제 제한)〉.

67 ①

요양급여 적용기준 및 방법에 대하여 심의하기 위하여 건강보험심사평가원에 심사제도운영위원회를 둔다〈국민건강보험 요양급여의 기준에 관한 규칙 제5조의4(심사제도운영위원회) 제1항〉.

68 ①

국민건강보험 요양급여의 기준에 관한 규칙 [별표 2] 비급여대상에 해당하는 것은 주근깨, 단순 코골음에 해당한다.

69 ④

행위의 경우〈국민건강보험 요양급여의 기준에 관한 규칙 제10조(행위·치료재료의 요양급여 결정신청) 제2항 제1호〉
가. 신의료기술의 안전성·유효성 등의 평가 유예 고시, 평가결과 고시 또는 혁신의료기술 고시
나. 상대가치점수의 산출근거 및 내역에 관한 자료
다. 비용효과에 관한 자료(동일 또는 유사 행위와의 장·단점, 상대가치점수의 비교 등을 포함한다)
라. 국내외의 실시현황에 관한 자료(최초실시연도·실시기관명 및 실시건수 등을 포함한다)
마. 소요장비·소요재료·약제의 제조(수입) 허가증·인증서·신고증 및 관련 자료
바. 국내외의 연구논문 등 그 밖의 참고자료

70 ④

제10조에 따라 요양급여대상 여부의 결정신청을 받은 보건복지부장관은 정당한 사유가 없는 한 결정신청일부터 100일(「신의료기술평가에 관한 규칙」 제3조제4항에 따라 서류를 송부받은 경우에는 평가결과 고시 이후 30일) 이내에 심의위원회의 심의를 거쳐 요양급여대상 또는 비급여대상에의 해당여부를 결정하여 고시해야 한다〈국민건강보험 요양급여의 기준에 관한 규칙 제11조(행위·치료재료에 대한 요양급여의 결정) 제1항〉.

71 ③

제10조의2 제3항에 따라 약제에 대한 평가를 신청받은 건강보험심사평가원장은 (㉠ 150일 이내)(진료상 필수성, 대체약제의 유무 등을 고려하여 보건복지부장관이 정하는 약제는 해당하지 않는다)에 제14항에 따른 약제급여평가위원회의 심의를 거쳐 평가(산정대상약제는 전문적 검토가 필요한 경우를 제외하고는 약제급여평가위원회의 심의를 거치지 않고 평가한다)하고 평가가 끝난 날부터 15일 이내에 다음 각 호의 사항을 신청인에게 서면 또는 전자문서로 통보해야 한다〈국민건강보험 요양급여의 기준에 관한 규칙 제11조의2(약제에 대한 요양급여의 결정) 제1항〉.

72 ③

선별급여의 실시조건〈국민건강보험 요양급여의 기준에 관한 규칙 제14조의3 제1항〉
1. 진료과목의 범위 및 종류 등에 관한 사항
2. 의료인의 정원 및 자격 등에 관한 사항
3. 의료시설 및 의료장비 등에 관한 사항
4. 환자의 요건 및 기준 등에 관한 사항
5. 선별급여의 실시에 따른 요양기관의 준수사항
6. 선별급여를 받는 사람이 요양급여비용 외에 추가로 부담하는 비용
7. 그 밖에 제1호부터 제6호까지의 규정에 준하는 사항으로서 선별급여의 실시를 위하여 보건복지부장관이 특히 필요하다고 인정하는 사항

73 ①

공단은 제35조에 따라 통보받은 보수의 총액을 전년도 중 직장가입자가 그 사업장등에 종사한 기간의 개월수로 나눈 금액을 매년 보수월액으로 결정한다〈국민건강보험법 시행령 제36조(보수월액의 결정 등) 제1항〉.

74 ①

가입자의 종류〈국민건강보험법 제6조 제2항〉 ··· 모든 사업장의 근로자 및 사용자와 공무원 및 교직원은 직장가입자가 된다. 다만, 다음 각 호의 어느 하나에 해당하는 사람은 제외한다.
1. 고용 기간이 1개월 미만인 일용근로자
2. 「병역법」에 따른 현역병(지원에 의하지 아니하고 임용된 하사를 포함한다), 전환복무 된 사람 및 군간부후보생
3. 선거에 당선되어 취임하는 공무원으로서 매월 보수 또는 보수에 준하는 급료를 받지 아니하는 사람
4. 그 밖에 사업장의 특성, 고용 형태 및 사업의 종류 등을 고려하여 대통령령으로 정하는 사업장의 근로자 및 사용자와 공무원 및 교직원

75 ②

적용 대상 등〈국민건강보험법 제5조 제2항〉 ··· 피부양자는 다음 각 호의 어느 하나에 해당하는 사람 중 직장가입자에게 주로 생계를 의존하는 사람으로서 소득 및 재산이 보건복지부령으로 정하는 기준 이하에 해당하는 사람을 말한다.
1. 직장가입자의 배우자
2. 직장가입자의 직계존속(배우자의 직계존속을 포함한다)
3. 직장가입자의 직계비속(배우자의 직계비속을 포함한다)과 그 배우자
4. 직장가입자의 형제·자매

76 ④

국민건강보험법 제13조(보험자)에 따라 건강보험의 보험자는 국민건강보험공단이다.

77 ①

법 제53조 제3항 각 호 외의 부분 본문에서 "대통령령으로 정하는 기간"이란 1개월을 말한다〈국민건강보험법 시행령 제26조(급여의 제한) 제1항〉.

78 ①

부가급여〈국민건강보험법 시행령 제23조 제2항〉 … 임신·출산 진료비 지원 대상은 다음 각 호와 같다.
1. 임신·출산한 가입자 또는 피부양자
2. 2세 미만인 가입자 또는 피부양자(이하 "2세 미만 영유아"라 한다)의 법정대리인(출산한 가입자 또는 피부양자가 사망한 경우에 한정한다)

79 ④

국민건강보험법 시행령 [별표 7] 과태료 부과기준에 따라 500만원에 해당한다.

80 ③

본인일부부담금의 부담률 및 부담액〈국민건강보험법 시행령 [별표 2]〉 … 상급종합병원 모든 지역 일반 환자 본인일부부담금은 '진찰료 총액 + (요양급여비용 총액 - 진찰료총액) × 60/100'이다.
다만, 임신부 외래진료의 경우에는 요양급여비용 총액의 (㉠ 40/100), 1세 미만 영유아 외래진료의 경우에는 요양급여비용 총액의 20/100으로 한다.

1 ④

임시회이 → 임시회의

재직위원 → 재적위원

자분 → 자문

방청건 → 방청권

대통령영 → 대통령령

2 ②

위 문서는 기안서로 회사의 업무에 대한 협조를 구하거나 의견을 전달할 때 작성하며, 흔히 사내 공문서라고도 한다.

3 ①

제시된 포스터는 바다에 쓰레기를 투기하거나 신호보다 먼저 출발하는 행동을 사회의 부정부패에 비유하며 썩은 이를 뽑듯 뽑아내자고 이야기하고 있다. 따라서 이 포스터의 주제를 가장 잘 표현한 사원은 甲이라고 할 수 있다.

4 ③

위 글은 부패방지평가 보고대회가 개최됨을 알리고 행사준비 관련 협조사항을 통보하기 위하여 쓴 문서이다.

5 ④

④ 국제노동기구에서는 사회보장의 구성요소로 전체 국민을 대상으로 해야 하고, 최저생활이 보장되어야 하며 모든 위험과 사고가 보호되어야 할뿐만 아니라 <u>공공의 기관을 통해서 보호나 보장이 이루어져야 한다고</u> 하였다.

6 ③

③ **파급(波及)** : 어떤 일의 여파나 영향이 차차 다른 데로 미침.

① **통용(通用)** : 일반적으로 두루 씀. 또는 서로 넘나들어 두루 씀.

② **책정(策定)** : 계획이나 방책을 세워 결정함.

④ **양육(養育)** : 아이를 보살펴서 자라게 함.

7 ④

ⓒ 문제해결능력은 업무수행과정에서 발생된 문제의 원인을 정확하게 파악하고 해결하는 능력이다.

ⓔ 의사소통능력은 타인의 의도를 파악하고 자신의 의사를 정확히 전달하는 능력이다.

8 ①

'이것'에 해당하는 것은 '프레임'이다. 프레임은 자기 자신의 관심에 따라 세상을 규정하는 사고방식이라고 할 수 있다.

9 ③

'찬성 2'는 두 번째 입론에서 자신이 경험한 사례를 근거로 한식의 세계화를 위해 한식의 표준화가 필요하다는 주장을 하고 있다. 이 주장에 앞서 여러 대안들을 검토한 바 없으므로, 여러 대안들 중 한식의 표준화가 최선의 선택이라는 점을 부각하고 있다는 것은 적절하지 않다.

10 ④

A→B, B→C이면 A→C의 관계를 대입해 보면, 사과를 좋아하는 사람 -[무], 바나나를 좋아하는 사람 -[런], 멜론을 좋아하는 사람 -[하], 치즈를 좋아하는 사람 -[유]라고 나타낼 때,

[무→런], [유→무], [런→하]이므로
[유→런(유→무, 무→런)], [무→하(무→런, 런→하)], [유→하(유→무, 무→런, 런→하)]의 관계가 성립한다.
[~하→~무]는 [무→하]의 대우명제이므로 ④가 답이 된다.

11 ②

② B와 C가 취미가 같고, C는 E와 취미생활을 둘이서 같이 하므로 B가 책읽기를 좋아한다면 E도 여가 시간을 책읽기로 보낸다.

12 ③

채무자인 乙이 실제 수령한 금액인 1,200만 원을 기준으로 최고연이자율 연 30%를 계산하면 360만 원이다. 그런데 선이자 800만 원을 공제하였으므로 360만 원을 초과하는 440만 원은 무효이며, 약정금액 2,000만 원의 일부를 변제한 것으로 본다. 따라서 1년 후 乙이 갚기로 한 날짜에 甲에게 전부 변제하여야 할 금액은 2,000 − 440 = 1,560만 원이다.

13 ②

甲~戊의 심사기준별 점수를 산정하면 다음과 같다. 단, 丁은 신청마감일(2025. 4. 30.) 현재 전입일부터 6개월 이상의 신청자격을 갖추지 못하였으므로 제외한다.

구분	거주 기간	가족 수	영농 규모	주택 노후도	사업 시급성	총점
甲	10	4	4	8	10	36점
乙	4	8	10	6	10	38점
丙	6	6	8	10	10	40점

따라서 상위 2가구는 丙과 乙이 되는데, 2가구의 주소지가 B읍·면으로 동일하므로 총점이 더 높은 丙을 지원하고, 가구주의 연령이 더 높은 甲을 지원하게 된다.

14 ③

민수와 동기가 동시에 10개의 동전을 던졌을 때, 앞면의 개수가 많이 나올 확률은 민수와 동기 모두 같다. 둘이 10개의 동전을 함께 던진 후 동기가 마지막 한 개의 동전을 던졌다고 하면 앞면이 나올 확률은 50%이다. 그러므로 이 게임에서 민수와 동기가 이길 확률은 동일하다.

15 ①

이틀 연속으로 청구된 보상 건수의 합이 2건 미만인 경우는, 첫째 날과 둘째 날 모두 보상 건수가 0건인 경우, 첫째 날 보상 건수가 0건이고 둘째 날 1건인 경우, 첫째 날 보상 건수가 1건이고 둘째 날 0건인 경우가 존재한다.

$$\therefore \ 0.4 \times 0.4 + 0.4 \times 0.3 + 0.3 \times 0.4$$
$$= 0.16 + 0.12 + 0.12 = 0.4$$

16 ②

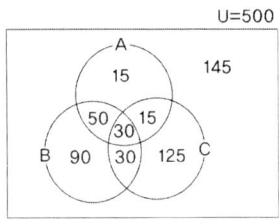

A, B, C 시험에 모두 불합격한 학생은
$500 - (15 + 15 + 50 + 30 + 90 + 30 + 125) = 145$(명)
이다.

17 ④
판매 총액은 판매 가격과 판매량을 곱한 값이다.
판매 가격 : $10 + X$
판매량 : $360 - 20X$
판매 총액은 가격과 판매량에 곱이다.
그러므로, 판매 총액은 $(10 + X) \times (360 - 20X)$이고
$R(x) = (10 + x)(360 - 20x)$
$= 3600 + 360x - 200x - 20x^2$
$= -20x^2 + 160x + 3600$
$x = -\dfrac{b}{2a} = -\dfrac{160}{2(120)} = 4$이다.
$10 + x = 10 + 4 = 14$(만 원)이다.

18 ③
③ 같은 지역 안에서는 월간 가격 비교가 가능하다. '다' 지역의 경우 3월 아파트 실거래 가격지수가 100.0이므로 3월의 가격과 1월의 가격이 서로 같다는 것을 알 수 있다.
① 각 지역의 아파트 실거래 가격지수의 기준이 되는 해당 지역의 1월 아파트 실거래 가격이 제시되어 있지 않으므로 다른 월의 가격도 알 수 없으므로 비교가 불가능하다.

② 아파트 실거래 가격지수가 높다고 하더라도 기준이 되는 1월의 가격이 다른 지역에 비하여 현저하게 낮다면 실제 가격은 더 낮아질 수 있으나 가격이 제시되어 있지 않으므로 비교가 불가능하다.
④ '다' 지역의 1/4분기 아파트 실거래 가격은 4/4분기 아파트 실거래 가격보다 낮다.

19 ①
甲 : 사망자가 공무원의 부모이고, 해당 공무원이 2인 이상(직계비속인 C와 D)인 경우이므로 사망한 자를 부양하던 직계비속인 공무원인 D가 사망조위금 최우선 순위 수급권자이다.
乙 : 사망자 C는 공무원의 배우자이자 자녀이다. 해당 공무원이 2인 이상(직계존속인 A와 B, 배우자인 D)인 경우이므로 사망한 자의 배우자인 공무원인 D가 사망조위금 최우선 순위 수급자이다.
丙 : 사망자 A 본인이 공무원인 경우로, 사망조위금 최우선 순위 수급자는 사망한 공무원의 배우자인 B가 된다.

20 ④
㉠ 주어진 기간 동안 강풍 피해금액과 풍랑 피해금액의 합계를 각각 계산하여 비교하기 보다는 소거법을 이용하여 비교하는 것이 좋다. 비슷한 크기의 값들을 서로 비교하여 소거한 뒤 남은 값들의 크기를 비교해주는 것으로 2013년 강풍과 2014년 풍랑 피해금액이 70억 원으로 동일하고 2009, 2010, 2012년 강풍 피해금액의 합 244억 원과 2013년 풍랑 피해금액 241억 원이 비슷하다. 또한 2011, 2016년 강풍 피해금액의 합 336억 원과 2011년 풍랑 피해금액 331억 원이 비슷하다. 이 값들을 소거한 뒤 남은 값들을 비교해보면 강풍 피해금액의 합계가 풍랑 피해금액의 합계보다 더 작다는 것을 알 수 있다.

ⓛ 2016년 태풍 피해금액이 2016년 5개 자연재해 유형 전체 피해금액의 90% 이상이라는 것은 즉, 태풍을 제외한 나머지 4개 유형 피해금액의 합이 전체 피해금액의 10% 미만이라는 것을 의미한다. 2016년 태풍을 제외한 나머지 4개 유형 피해금액의 합을 계산하면 전체 피해금액의 10% 밖에 미치지 못함을 알 수 있다.

ⓒ 피해금액이 매년 10억 원보다 큰 자연재해 유형은 호우, 대설이 있다.

ⓔ 피해금액이 큰 자연재해 유형부터 순서대로 나열하면 2014년 호우, 태풍, 대설, 풍랑, 강풍이며 이 순서는 2015년의 순서와 동일하다.

21 ②

첫째 자리에 선이 세 개 있으므로 15, 둘째 자리에는 점이 세 개 있으므로 60이 된다. 따라서 첫째 자리와 둘째 자리를 합한 값인 75를 입력하면 (그림 4)와 같은 결과를 얻을 수 있다.

22 ④

연도별 각 지역의 대형마트 수는 다음과 같다.

지역	2011년	2012년	2013년	2014년
A	13	15	16	15
B	10	11	11	10
C	9	8	9	6
D	8	7	4	6

따라서 2011년 대형마트 수가 가장 많은 지역은 A, 가장 적은 지역은 D이다.

23 ③

보통예금은 요구불 예금이며, 정기적금은 이자 수익을 얻는 금융 상품이다. 주식을 보유하는 목적은 시세 차익과 배당금 수익이다. 또한 수익증권은 위탁받은 자산운용회사가 운영한 수익을 고객에게 지급하는 금융 상품이다.

24 ②

각 대안별 월 소요 예산을 구하면 다음과 같다.

A안 : 모든 빈곤 가구에게 전체 가구 월 평균 소득의 25%에 해당하는 금액을 가구당 매월 지급한다고 하였으므로, $(300 \times 0.2 + 600 \times 0.2 + 500 \times 0.2 + 100 \times 0.2) \times (2,000,000 \times 0.25) = 300 \times 500,000 = 150,000,000$원이 필요하다.

B안 : 한 자녀 가구에는 10만 원, 두 자녀 가구에는 20만 원, 세 자녀 이상 가구에는 30만 원을 가구당 매월 지급한다고 하였으므로, $(600 \times 100,000 + 500 \times 200,000 + 100 \times 300,000) = 60,000,000 + 100,000,000 + 30,000,000 = 190,000,000$원이 필요하다.

C안 : 자녀가 있는 모든 맞벌이 가구에 자녀 1명당 30만 원을 매월 지급하고 세 자녀 이상의 맞벌이 가구에는 일률적으로 가구당 100만 원을 매월 지급한다고 하였으므로, $\{(600 \times 0.3) \times 300,000\} + \{(500 \times 0.3) \times 2 \times 300,000\} + \{(100 \times 0.3) \times 1,000,000\} = 54,000,000 + 90,000,000 + 30,000,000 = 174,000,000$원이 필요하다.

∴ 따라서 A < C < B 순이다.

25 ②

② 최단 기간에 업무를 끝내기 위해 필요한 최소 인력은 8명이다.

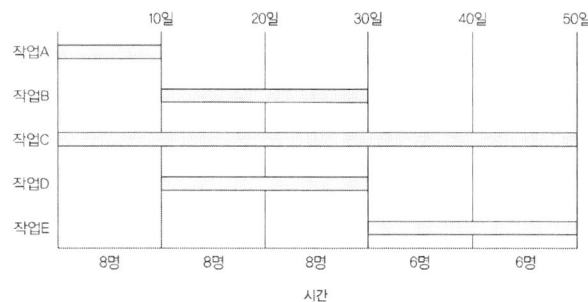

• 작업장 사용료 : 50일×50만 원＝2,500만 원
• 인건비 : {(8인×30일)+(6인×20일)}×10만 원 ＝3,600만 원

26 ④

④ 실태조사를 위해선 대화의 방법, 횟수, 시간, 중요성 등을 조사하여야 한다.

27 ③

③ 주어진 글에서 선진국과 아동·청소년의 근시 비율의 관계는 알 수 없다.

28 ①

언어의 기능

㉠ **표현적 기능** : 말하는 사람의 감정이나 태도를 나타내는 기능이다. 언어의 개념적 의미보다는 감정적인 의미가 중시된다. → [예 : 느낌, 놀람 등 감탄의 말이나 욕설, 희로애락의 감정표현, 폭언 등]

㉡ **정보전달기능** : 말하는 사람이 알고 있는 사실이나 지식, 정보를 상대방에게 알려 주기 위해 사용하는 기능이다. → [예 : 설명, 신문기사, 광고 등]

㉢ **사교적 기능**(친교적 기능) : 상대방과 친교를 확보하거나 확인하여 서로 의사소통의 통로를 열어 놓아 주는 기능이다. → [예 : 인사말, 취임사, 고별사 등]

㉣ **미적 기능** : 언어예술작품에 사용되는 것으로 언어를 통해 미적인 가치를 추구하는 기능이다. 이 경우에는 감정적 의미만이 아니라 개념적 의미도 아주 중시된다. → [예 : 시에 사용되는 언어]

㉤ **지령적 기능**(감화적 기능) : 말하는 사람이 상대방에게 지시를 하여 특정 행위를 하게 하거나, 하지 않도록 함으로써 자신의 목적을 달성하려는 기능이다. → [예 : 법률, 각종 규칙, 단체협약, 명령, 요청, 광고문 등의 언어]

29 ④

기획안의 작성도 중요하나 발표시 문서의 내용을 효과적으로 전달하는 것이 무엇보다 중요하다. 문서만 보면 내용을 이해하기 어렵고 의도한 내용을 바로 파악할 수 없기 때문에 간결하고 시각적인 문서작성이 중요하다.

30 ④

④ 고급문화와 대중문화의 경계가 무너지고 장르 간 구분이 모호해지면서 서로 다른 문화가 뒤섞여 새로운 문화가 생겨나고 있다고 언급하고 있다.

31 ③

'뿐만 아니라'의 쓰임으로 볼 때 이 글의 앞부분에는 문화와 경제의 영역이 무너지고 있다는 내용이 언급되어야 한다. 따라서 (나) 뒤에 이어지는 것이 적절하다.

32 ③

일정의 최종 결정권한은 상사에게 있으므로 부하직원이 스스로 독단적으로 처리해서는 안 된다.

33 ③

명칭 파일링 시스템(Alphabetic Filing System) … 문서 등을 알파벳순이나 자모순으로 배열한 것으로 가이드 배열이 단순·간편하고 유지비용이 저렴하며 직접검색이 용이하다. 하지만 보안의 위험이 크고 배열 오류가 발생하기 쉽다.

34 ③

주어진 조건들을 종합하면 A는 파란색 옷 입은 의사, B는 초록색 옷을 입은 선생님, C는 검은색 옷을 입은 외교관, D는 갈색 옷을 입은 경찰이므로 회장의 직업은 경찰이고, 부회장의 직업은 의사이다.

	외교관, 검정 C ↓	의사, 파랑 A ↓
창가	↑ D	↑ B
	경찰, 갈색	선생님, 초록

35 ③

워크숍 첫날인 28일 밤 9시에는 '구름 조금'이라고 명시되어 있음을 내용을 통해 알 수 있다.

36 ③

오대리가 수집하고자 하는 고객정보에는 고객의 연령과 현재 사용하고 있는 스마트폰의 모델, 좋아하는 디자인, 사용하면서 불편해 하는 사항, 지불 가능한 액수 등에 대한 정보가 반드시 필요하다.

37 ④

정보활용의 전략적 기획(5W2H)

ⓐ WHAT(무엇을?) : 50~60대 고객들이 현재 사용하고 있는 스마트폰의 모델과 좋아하는 디자인, 사용하면서 불편해 하는 사항, 지불 가능한 액수 등에 대한 정보

ⓑ WHERE(어디에서?) : 사내에 저장된 고객정보

ⓒ WHEN(언제까지?) : 이번 주

ⓓ WHY(왜?) : 스마트폰 신상품에 대한 기획안을 작성하기 위해

ⓔ WHO(누가?) : 오대리

ⓕ HOW(어떻게?) : 고객센터에 근무하는 조대리에게 관련 자료를 요청

ⓖ HOW MUCH(얼마나?) : 따로 정보수집으로 인한 비용이 들지 않는다.

38 ①

① 합계점수가 높은 순으로 정렬 후 인쇄해야 하므로 텍스트 오름차순이 아닌 텍스트 내림차순으로 정렬해야 한다.

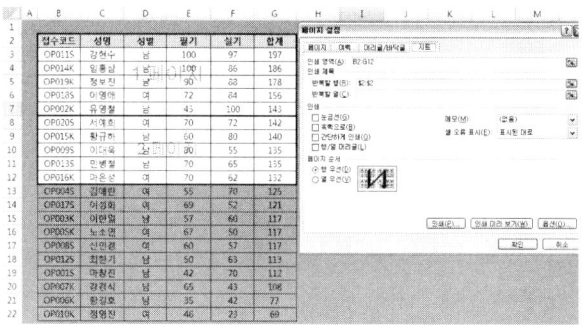

39 ③

$n = 0$, $S = 1$

$n = 1$, $S = 1 + 1^2$

$n = 2$, $S = 1 + 1^2 + 2^2$

…

$n = 7$, $S = 1 + 1^2 + 2^2 + \cdots + 7^2$

∴ 출력되는 S의 값은 141이다.

40 ②

① 'ㅎ'을 누르면 2명이 뜬다(민하린, 김혜서).

③ '55'를 누르면 3명이 뜬다
 (0254685554, 0514954554, 0319485575).

④ 'ㅂ'을 누르면 1명이 뜬다(심빈우).

직무수행능력평가

41 ①

건강보험심사평가원 업무〈국민건강보험법 시행령 제28
조 제1항〉
1. 법 제47조에 따른 요양급여비용의 심사청구와 관련
   된 소프트웨어의 개발 · 공급 · 검사 등 전산 관리
2. 법 제47조의4에 따른 요양급여의 적정성 평가 결
   과의 공개
3. 법 제49조 제1항에 따라 지급되는 요양비 중 보
   건복지부령으로 정하는 기관에서 받은 요양비에
   대한 심사
4. 법 제63조 제1항 제1호부터 제7호까지 및 이 항
   제1호부터 제3호까지의 업무를 수행하기 위한 환
   자 분류체계 및 요양급여 관련 질병 · 부상 분류체
   계의 개발 · 관리
5. 법 제63조 제1항 제1호부터 제7호까지 및 이 항 제
   1호부터 제4호까지의 업무와 관련된 교육 · 홍보

42 ②

① 제품의 안전성과 유효성 검사를 식품의약품안전처
   에서 진행하여 허가받는다.
③ 신의료기술평가를 한국보건의료연구원에서 진행한다.
④ 급여여부를 평가하는 것은 건강보험심사평가원에
   서 진행한다.

43 ②

사업장의 신고〈국민건강보험법 제7조(사업장의 신고)〉
… 사업장의 사용자는 다음 각 호의 어느 하나에 해
당하게 되면 그 때부터 <u>14일 이내</u>에 보건복지부령으
로 정하는 바에 따라 보험자에게 신고하여야 한다.
제1호에 해당되어 보험자에게 신고한 내용이 변경된
경우에도 또한 같다.

1. 제6조 제2항에 따라 직장가입자가 되는 근로자 ·
   공무원 및 교직원을 사용하는 사업장이 된 경우
2. 휴업 · 폐업 등 보건복지부령으로 정하는 사유가
   발생한 경우

44 ①

②③④ 국민건강보험법 제9조(자격의 변동 시기 등)
제1항
※ 자격의 상실 시기 등〈국민건강보험법 제10조 제1
   항〉… 가입자는 다음 각 호의 어느 하나에 해당
   하게 된 날에 그 자격을 잃는다.
   1. 사망한 날의 다음 날
   2. 국적을 잃은 날의 다음 날
   3. 국내에 거주하지 아니하게 된 날의 다음 날
   4. 직장가입자의 피부양자가 된 날
   5. 수급권자가 된 날
   6. 건강보험을 적용받고 있던 사람이 유공자등 의
      료보호대상자가 되어 건강보험의 적용배제신청
      을 한 날

45 ②

② 국민건강보험법 제14조(업무 등) 제1항 제3호
①③④ 국민건강보험법 제63조(업무 등) 제1항

46 ③

요양급여〈국민건강보험법 제41조〉… 진찰 · 검사, 약
제(藥劑) · 치료재료의 지급, 처치 · 수술 및 그 밖의
치료, 예방 · 재활, 입원, 간호, 이송(移送)

47 ①

국민건강보험법 제4조(건강보험정책심의위원회) 제1
항에 따라 건강보험정책심의위원회에서 건강보험 정책
에 관한 다음 각 호의 사항을 심의 · 의결하기 귀해서
보건복지부장관 소속으로 둔다.

48 ②

적용 대상 등〈국민건강보험법 제5조 제1항〉 ··· 국내에 거주하는 국민은 건강보험의 가입자 또는 피부양자가 된다. 다만, 다음 각 호의 어느 하나에 해당하는 사람은 제외한다.

1. 「의료급여법」에 따라 의료급여를 받는 사람
2. 「독립유공자예우에 관한 법률」 및 「국가유공자 등 예우 및 지원에 관한 법률」에 따라 의료보호를 받는 사람. 다만, 다음 각 목의 어느 하나에 해당하는 사람은 가입자 또는 피부양자가 된다.
    가. 유공자 등 의료보호대상자 중 건강보험의 적용을 보험자에게 신청한 사람
    나. 건강보험을 적용받고 있던 사람이 유공자등 의료보호대상자로 되었으나 건강보험의 적용배제신청을 보험자에게 하지 아니한 사람

49 ③

피부양자 자격의 인정기준 등〈국민건강보험법 시행규칙 제2조 제2항〉 ··· 피부양자는 다음 각 호의 어느 하나에 해당하는 날에 그 자격을 취득한다.

1. 신생아의 경우 : (㉠ 출생한 날)
2. 직장가입자의 자격 취득일 또는 가입자의 자격 변동일부터 (㉡ 90일) 이내에 피부양자의 자격취득 신고를 한 경우 : 직장가입자의 자격 취득일 또는 해당 가입자의 자격 변동일

50 ④

㉠ 공단이 요양급여비용으로 지급하는 자금
㉡ 응급의료기금의 지원
㉢ 재난적 의료비 지원사업에 대한 지원
※ 환자 진료에 불편을 초래하는 등 공공복리에 지장을 줄 것으로 예상되는 때(제2항 제1호, 제3항 제1호)에 부과 · 징수된 과징금은 재난적 의료비 지원사업에 대한 지원 용도로만 사용하여야 한다.

51 ③

과태료〈국민건강보험법 제119조 제3항〉 ··· 다음에 해당하는 자에게는 500만 원 이하의 과태료를 부과한다.

1. 제7조(사업장의 신고)를 위반하여 신고를 하지 아니하거나 거짓으로 신고한 사용자
2. 정당한 사유 없이 제94조(신고 등) 제1항을 위반하여 신고 · 서류제출을 하지 아니하거나 거짓으로 신고 · 서류제출을 한 자
3. 정당한 사유 없이 제97조(보고와 검사) 제1항, 제3항, 제4항, 제5항을 위반하여 보고 · 서류제출을 하지 아니하거나 거짓으로 보고 · 서류제출을 한 자
4. 제98조(업무정지) 제4항을 위반하여 행정처분을 받은 사실 또는 행정처분절차가 진행 중인 사실을 지체 없이 알리지 아니한 자
5. 정당한 사유 없이 제101조 제2항을 위반하여 서류를 제출하지 아니하거나 거짓으로 제출한 자

52 ④

④ 영양공급 · 안정 · 운동 그 밖에 요양상 주의를 함으로써 치료효과를 얻을 수 있다고 인정되는 경우에는 의약품을 처방 · 투여하여서는 아니되며, 이에 관하여 적절하게 설명하고 지도하여야 한다〈국민건강보험 요양급여의 기준에 관한 규칙 [별표 1] 요양급여의 적용기준 및 방법〉.

53 ①

선별급여의 적합성평가를 위한 자료 제출〈국민건강보험 요양급여의 기준에 관한 규칙 제14조의4 제1항〉 ··· 법 제42조의2 제1항에 따라 선별급여를 실시하는 요양기관이 같은 조 제2항에 따라 제출하는 자료의 범위는 다음 각 호와 같다.

1. 선별급여의 실시 현황에 관한 자료
2. 해당 선별급여와 대체가능한 요양급여로서 보건복지부장관이 정하여 고시하는 요양급여의 실시 현황에 관한 자료

3. 선별급여의 실시에 따른 요양급여비용의 청구에 관한 자료
4. 선별급여실시조건에 대한 현황자료 및 변경자료 (변경자료는 변경이 있는 경우만 해당한다)
5. 그 밖에 제1호부터 제4호까지의 규정에 준하는 자료로서 보건복지부장관이 선별급여의 적합성평가를 위하여 특히 필요하다고 인정하는 자료

54 ③

3개월을 말한다. 다만, 업무에 종사하기 위해 국외에 체류하는 경우라고 공단이 인정하는 경우에는 1개월을 말한다〈국민건강보험법 시행령 제44조의2(보험료가 면제되는 국외 체류기간)〉.

55 ④

보험료 경감 대상지역〈국민건강보험법 시행령 제45조〉
1. 요양기관까지의 거리가 멀거나 대중교통으로 이동하는 시간이 오래 걸리는 지역으로서 보건복지부장관이 정하여 고시하는 섬·벽지 지역
2. 다음 각 목의 어느 하나에 해당하는 농어촌지역
   가. 군 및 도농복합 형태 시의 읍·면 지역
   나. 「지방자치법」 제2조 제1항 제2호에 따른 시와 군의 지역 중 동(洞) 지역으로서 「국토의 계획 및 이용에 관한 법률」 제36조 제1항 제1호에 따라 지정된 주거지역·상업지역 및 공업지역을 제외한 지역
   다. 「농어촌주민의 보건복지 증진을 위한 특별법」 제33조에 해당하는 지역
3. 요양기관의 이용이 제한되는 근무지의 특성을 고려하여 보건복지부장관이 인정하는 지역

56 ①

사업장의 사용자가 대통령령으로 정하는 사유에 해당되어 직장가입자가 될 수 없는 자를 제8조 제2항 또는 제9조 제2항을 위반하여 거짓으로 보험자에게 직장가입자로 신고한 경우 공단은 제1호의 금액에서 제2호의 금액을 뺀 금액의 100분의 10에 상당하는 가산금을 그 사용자에게 부과하여 징수한다〈국민건강보험법 제78조의2(가산금) 제1항〉.

57 ①

보험료 등의 체납처분 전 통보 예외〈국민건강보험법 시행령 제46조의5〉
1. 국세의 체납으로 체납처분을 받는 경우
2. 지방세 또는 공과금(「국세기본법」 제2조 제8호 또는 「지방세기본법」 제2조 제1항 제26호에 따른 공과금을 말한다. 이하 같다)의 체납으로 체납처분을 받는 경우
3. 강제집행을 받는 경우
4. 「어음법」 및 「수표법」에 따른 어음교환소에서 거래정지처분을 받는 경우
5. 경매가 시작된 경우
6. 법인이 해산한 경우
7. 재산의 은닉·탈루, 거짓 계약이나 그 밖의 부정한 방법으로 체납처분의 집행을 면하려는 행위가 있다고 인정되는 경우

58 ③

지역가입자의 세대 분리〈국민건강보험법 시행령 제43조〉… 공단은 지역가입자가 다음 각 호의 어느 하나의 사람에 해당하는 경우에는 그 가입자를 해당 세대에서 분리하여 별도 세대로 구성할 수 있다.
1. 해당 세대와 가계단위 및 생계를 달리하여 공단에 세대 분리를 신청한 사람
2. 별표 2 제3호 라목에 따른 희귀난치성질환자 등으로서 본인부담액을 경감 받는 사람

3. 「병역법」제21조 또는 제26조에 따라 소집되어 상근예비역 또는 사회복무요원으로 복무하는 사람
4. 「대체역의 편입 및 복무 등에 관한 법률」제17조에 따라 소집되어 대체복무요원으로 복무하는 사람

59 ②

법 제71조 제1항 계산식 외의 부분 및 같은 항의 계산식에서 "대통령령으로 정하는 금액"이란 각각 연간 2천만원을 말한다〈국민건강보험법 시행령 제41조(소득월액) 제4항〉.

60 ④

보수가 지급되지 않는 사용자의 보수월액 결정〈국민건강보험법 시행령 제38조 제1항〉 ··· 법 제70조 제4항에 따른 보수가 지급되지 아니하는 사용자의 보수월액은 다음 각 호의 방법으로 산정한다. 이 경우 사용자는 매년 5월 31일까지[「소득세법」제70조의2에 따라 세무서장에게 성실신고확인서를 제출한 사용자인 경우에는 6월 30일까지] 수입을 증명할 수 있는 자료를 제출하거나 수입금액을 공단에 통보하여야 하며, 산정된 보수월액은 매년 6월부터 다음 해 5월까지(성실신고사용자의 경우에는 매년 7월부터 다음 해 6월까지) 적용한다.
1. 해당 연도 중 해당 사업장에서 발생한 보건복지부령으로 정하는 수입으로서 객관적인 자료를 통하여 확인된 금액
2. 수입을 확인할 수 있는 객관적인 자료가 없는 경우에는 사용자의 신고금액

61 ④

보수가 지급되지 않는 사용자의 보수월액 결정〈국민건강보험법 시행령 제38조 제1항〉 ··· 법 제70조 제4항에 따른 보수가 지급되지 아니하는 사용자의 보수월액은 다음 각 호의 방법으로 산정한다. 이 경우 사용자는 매년 5월 31일까지[「소득세법」제70조의2에 따라 세무서장에게 성실신고확인서를 제출한 사용자인 경우에는 6월 30일까지] 수입을 증명할 수 있는 자료를 제출하거나 수입금액을 공단에 통보하여야 하며, 산정된 보수월액은 매년 6월부터 다음 해 5월까지(성실신고사용자의 경우에는 매년 7월부터 다음 해 6월까지) 적용한다.

62 ③

사용자는 법 제70조 제1항에 따른 보수월액의 산정을 위하여 매년 3월 10일까지 전년도 직장가입자에게 지급한 보수의 총액(법 제70조 및 이 영 제33조에 따라 산정된 금액으로서 가입자별로 1월부터 12월까지 지급한 보수의 총액)과 직장가입자가 해당 사업장·국가·지방자치단체·사립학교 또는 그 학교경영기관에 종사한 기간 등 보수월액 산정에 필요한 사항을 공단에 통보하여야 한다〈국민건강보험법 시행령 제35조(보수월액 산정을 위한 보수 등의 통보) 제1항〉.

63 ①

보수월액의 결정 등〈국민건강보험법 시행령 제36조〉 ··· 사용자는 해당 직장가입자의 보수가 인상되거나 인하되었을 때에는 공단에 보수월액의 변경을 신청할 수 있다. 다만, 상시 100명 이상의 근로자가 소속되어 있는 사업장의 사용자는 다음 각 호에 따라 공단에 그 보수월액의 변경을 신청하여야 한다.
1. 해당 월의 보수가 14일 이전에 변경된 경우: 해당 월의 15일까지
2. 해당 월의 보수가 15일 이후에 변경된 경우: 해당 월의 다음 달 15일까지

64 ③

법 제53조제3항 각 호 외의 부분 단서에서 "대통령령으로 정하는 횟수"란 6회를 말한다〈국민건강보험법 시행령 제26조(급여의 제한) 제2항〉.

65 ②

요양비등을 수급자 명의의 지정된 계좌로 받으려는 사람은 요양비 지급청구서와 보조기기 급여 지급청구서 등에 요양비등수급계좌의 계좌번호를 기재하고, 예금통장(계좌번호가 기록되어 있는 면을 말한다) 사본을 첨부하여 공단에 제출해야 한다〈국민건강보험법 시행령 제26조의2(요양비등수급계좌의 신청 방법 및 절차 등) 제1항〉.

66 ②

건강검진〈국민건강보험법 시행령 제25조 제3항〉… 공단은 건강검진을 실시하려면 건강검진의 실시에 관한 사항을 다음 각 호의 구분에 따라 통보해야 한다.
1. 일반건강검진 및 암검진 : 직장가입자에게 실시하는 건강검진의 경우에는 해당 사용자에게, 직장가입자의 피부양자 및 지역가입자에게 실시하는 건강검진의 경우에는 검진을 받는 사람에게 통보
2. 영유아건강검진 : 직장가입자의 피부양자인 영유아에게 실시하는 건강검진의 경우에는 그 직장가입자에게, 지역가입자인 영유아에게 실시하는 건강검진의 경우에는 해당 세대주에게 통보

67 ③

부가급여〈국민건강보험법 시행령 제23조 제3항〉… 공단은 다음 각 호의 구분에 따른 비용을 결제할 수 있는 임신·출산 진료비 이용권을 발급할 수 있다.
1. 임신·출산한 가입자 또는 피부양자의 진료에 드는 비용
2. 임신·출산한 가입자 또는 피부양자의 약제·치료재료의 구입에 드는 비용
3. 2세 미만 영유아의 진료에 드는 비용
4. 2세 미만 영유아에게 처방된 약제·치료재료의 구입에 드는 비용

68 ③

사용자는 3년간 보건복지부령으로 정하는 바에 따라 자격 관리 및 보험료 산정 등 건강보험에 관한 서류를 보존하여야 한다〈국민건강보험법 제96조의4 제2항〉.

69 ②

보건복지부장관은 보험급여를 받은 자에게 해당 보험급여의 내용에 관하여 보고하게 하거나, 소속 공무원이 질문하게 할 수 있다〈국민건강보험법 제97조 제3항〉.

70 ①

보험료의 부담〈「국민건강보험법」 제76조 제1항〉… 직장가입자의 보수월액보험료는 직장가입자와 다음의 구분에 따른 자가 각각 보험료액의 100분의 50씩 부담한다. 다만, 직장가입자가 교직원으로서 사립학교에 근무하는 교원이면 보험료액은 그 직장가입자가 100분의 50을, 제3조 제2호 다목에 해당하는 사용자가 100분의 30을, 국가가 100분의 20을 각각 부담한다.
※ 국민건강보험법 제3조 제2호 다목 … 교직원이 소속되어 있는 사립학교를 설립·운영하는 자

71 ②

보험료 납부의무가 있는 자는 가입자에 대한 그 달의 보험료를 그 다음 달 10일까지 납부하여야 한다. 다만, 직장가입자의 보수 외 소득월액보험료 및 지역가입자의 보험료는 보건복지부령으로 정하는 바에 따라 분기별로 납부할 수 있다〈「국민건강보험법」 제78조 제항〉.

72 ②

요양급여의 절차⟨국민건강보험 요양급여의 기준에 관한 규칙 제2조 제3단계⟩ … 가입자 등이 다음 각 호의 1에 해당하는 경우에는 상급종합병원에서 1단계 요양급여를 받을 수 있다.

1. 「응급의료에 관한 법률」 제2조 제1호에 해당하는 응급환자인 경우
2. 분만의 경우
3. 치과에서 요양급여를 받는 경우
4. 「장애인복지법」 제32조에 따른 등록 장애인 또는 단순 물리치료가 아닌 작업치료·운동치료 등의 재활치료가 필요하다고 인정되는 자가 재활의학과에서 요양급여를 받는 경우
5. 가정의학과에서 요양급여를 받는 경우
6. 당해 요양기관에서 근무하는 가입자가 요양급여를 받는 경우
7. 혈우병환자가 요양급여를 받는 경우

73 ②

국민건강보험법 시행령 [별표 7] 과태료 부과기준

위반행위	1차 위반	2차 위반	3차 위반
정당한 사유 없이 법 제97조 제1항, 제3항부터 제5항까지의 규정을 위반하여 보고·서류제출을 하지 않거나 거짓으로 보고·서류제출을 한 경우	150	300	500

74 ④

법 제73조 제1항에 따른 직장가입자의 보험료율 및 같은 조 제3항에 따른 지역가입자의 보험료율은 각각 1만분의 719로 한다⟨국민건강보험법 시행령 제44조(보험료율 및 재산보험료부과점수당 금액) 제1항⟩.

75 ②

국민건강보험법 시행령 제41조(소득월액) 제1항에 따라 이자소득, 배당소득, 사업소득, 근로소득, 연금소득, 기타소득이 있다.

76 ②

직장가입자의 자격 취득·변동 시 보수월액의 결정⟨국민건강보험법 시행령 제37조⟩ … 공단은 직장가입자의 자격을 취득하거나, 다른 직장가입자로 자격이 변동되거나, 지역가입자에서 직장가입자로 자격이 변동된 사람이 있을 때에는 다음 각 호의 구분에 따른 금액을 해당 직장가입자의 보수월액으로 결정한다.

1. 연·분기·월·주 또는 그 밖의 일정기간으로 보수가 정해지는 경우 : 그 보수액을 그 기간의 총 일수로 나눈 금액의 30배에 상당하는 금액
2. 일(日)·시간·생산량 또는 도급(都給)으로 보수가 정해지는 경우 : 직장가입자의 자격을 취득하거나 자격이 변동된 달의 전 1개월 동안에 그 사업장에서 해당 직장가입자와 같은 업무에 종사하고 같은 보수를 받는 사람의 보수액을 평균한 금액
3. 제1호 및 제2호에 따라 보수월액을 산정하기 곤란한 경우 : 직장가입자의 자격을 취득하거나 자격이 변동된 달의 전 1개월 동안 같은 업무에 종사하고 있는 사람이 받는 보수액을 평균한 금액

77 ③

보수에 포함되는 금품 등⟨국민건강보험법 시행령 제33조 제1항⟩ … 법 제70조 제3항 전단에서 "대통령령으로 정하는 것"이란 근로의 대가로 받은 봉급, 급료, 보수, 세비(歲費), 임금, 상여, 수당, 그 밖에 이와 유사한 성질의 금품으로서 다음 각 호의 것을 제외한 것을 말한다.

1. 퇴직금
2. 현상금, 번역료 및 원고료
3. 「소득세법」에 따른 비과세근로소득. 다만, 「소득세법」 제12조 제3호차목·파목 및 거목에 따라 비과세되는 소득은 제외한다.

78 ①

월별 보험료액의 상한〈제32조(월별 보험료액의 상한과 하한) 제1호〉

가. 직장가입자의 보수월액보험료 : 보험료가 부과되는 연도의 전전년도 직장가입자 평균 보수월액보험료의 30배에 해당하는 금액을 고려하여 보건복지부장관이 정하여 고시하는 금액

나. 직장가입자의 보수 외 소득월액보험료 및 지역가입자의 월별 보험료액 : 보험료가 부과되는 연도의 전전년도 평균 보수월액보험료의 15배에 해당하는 금액을 고려하여 보건복지부장관이 정하여 고시하는 금액

79 ②

요양급여비용의 지급 보류 등〈국민건강보험법 시행령 제22조의2 제1항〉 … 공단은 법 제47조의2 제1항 전단에 따라 요양급여비용의 지급을 보류하려는 경우에는 해당 요양기관에 미리 다음 각 호의 사항을 적은 문서로 통지해야 한다.

1. 해당 요양기관의 명칭, 대표자 및 주소
2. 지급 보류의 원인이 되는 사실과 지급 보류의 대상이 되는 요양급여비용 및 법적 근거
3. 제2호의 사항에 대하여 의견을 제출할 수 있다는 뜻과 의견을 제출하지 아니하는 경우의 처리방법

80 ②

①③④ 국민건강보험법 제119조(과태료) 제4항에 따라 100만 원 이하의 과태료를 부과한다.

---

1 ②

② 제1조 ⑤에 따르면 당사자의 신문이 쟁점과 관계가 없는 때, 재판장은 당사자의 신문을 제한할 수 있다.

① 제1조 ③에 따르면 재판장은 제1항과 제2항의 규정에 불구하고 언제든지 신문할 수 있다.

③ 제1조 ④에 따르면 재판장은 당사자의 의견을 들어 제1항과 제2항의 규정에 따른 신문의 순서를 바꿀 수 있다. 따라서 B와 C가 아닌 甲과 乙의 의견을 들어야 한다.

④ 제3조에 따르면 증인 서로의 대질을 명할 수 있는 것은 재판장 A이다.

2 ②

A가 잠을 자지 않아 결국 공부를 포기했으며, 그러한 상태가 지속될 경우 일어날 수 있는 부정적인 결과를 나열함으로써 잠이 우리에게 꼭 필요한 것임을 강조하고 있다.

3 ②

효과적인 수면의 중요성을 말하기 위하여, 역사상 잠을 안 잔 것으로 유명한 나폴레옹이나 에디슨도 진짜로 잠을 안 잔 것이 아니라, 효과적으로 수면을 취했음을 예로 제시하고 있다. 나폴레옹은 말안장 위에서도 잤고, 에디슨은 친구와 말을 하면서도 잠을 잤다는 내용이다.

4 ④

'뻑뻑하고', '박탈', '중죄인', '과연' 등은 낱말의 뜻을 알아야 하는 것이기 때문에 사전(辭典)을 이용해야 한다. 반면에 '워털루 전투'는 역사적인 사건이기 때문에 역사 사전과 같은 사전(事典)을 활용하여 구체적인 정보를 얻는 것이 알맞다.

5 ③

의료 서비스 시장에서는 의료 행위를 하기 위한 자격이 필요하고, 환자가 만족할 만한 수준의 병원을 설립하는 데 비용이 많이 들어 의사와 병원의 수가 적어 소비자의 선택의 폭이 좁다고 하였다.

6 ④

기타사항에 3개월 인턴 후 평가(70점 이상)에 따라 정식 고용 여부를 결정한다고 명시되어 있다.

7 ③

③ 지난 시즌이라고만 명시했지 구체적으로 언제 발간했는지 밝혀지지 않았다.

8 ③

③ 의사소통은 기계적인 정보 전달 이상의 것이다. 따라서 정보의 전달에만 치중하기보다는 서로 다른 이해와 의미를 가지고 있는 사람들이 공유할 수 있는 의미와 이해를 만들기 위해 상호 노력하는 과정으로 이해해야 한다.

9 ④

제시된 조건을 통해 외판원들의 판매실적을 유추하면 A>B, D>C이다. 또한 F>E>A, E>B>D임을 알 수 있다. 결과적으로 F>E>A>B>D>C가 된다.
① 외판원 C의 실적은 꼴찌이다.
② B의 실적보다 안 좋은 외판원은 2명이다.
③ 두 번째로 실적이 좋은 외판원은 E이다.

10 ③

고객이 원하는 3기가 이상의 인터넷과 1회 컬러링이 부가된 것은 55요금제이다.

11 ③

55요금제는 매월 3기가의 인터넷과 120분의 통화, 1회의 컬러링이 무료로 사용할 수 있다.

12 ①

조건에 따르면 영업과 사무 분야의 일은 A가 하는 것이 아니고, 관리는 B가 하는 것이 아니므로 'A – 관리, B – 사무, C – 영업, D – 전산, E – 홍보'의 일을 하게 된다.

13 ③

㉠ "옆에 범인이 있다."고 진술한 경우를 ○, "옆에 범인이 없다."고 진술한 경우를 ×라고 하면

1	2	3	4	5	6	7	8	9
○	×	×	○	×	○	○	○	×
							시민	

• 9번이 범인이라고 가정하면
9번은 "옆에 범인이 없다.'고 진술하였으므로 8번과 1번 중에 범인이 있어야 한다. 그러나 8번이 시민이므로 1번이 범인이 된다.

1번은 "옆에 범인이 있다."라고 진술하였으므로 2번과 9번에 범인이 없어야 한다. 그러나 9번이 범인이므로 모순이 되어 9번은 범인일 수 없다.
• 9번이 시민이라고 가정하면
9번은 "옆에 범인이 없다."라고 진술하였으므로 1번도 시민이 된다. 1번은 "옆에 범인이 있다."라고 진술하였으므로 2번은 범인이 된다. 2번은 "옆에 범인이 없다."라고 진술하였으므로 3번도 범인이 된다. 8번은 시민인데 "옆에 범인이 있다."라고 진술하였으므로 9번은 시민이므로 7번은 범인이 된다. 그러므로 범인은 2, 3, 7번이고 나머지는 모두 시민이 된다.
㉡ 모두가 "옆에 범인이 있다."라고 진술하면 시민 2명, 범인 1명의 순으로 반복해서 배치되므로 옳은 설명이다.
㉢ 다음과 같은 경우가 있음으로 틀린 설명이다.

1	2	3	4	5	6	7	8	9
○	○	○	○	○	○	○	×	○
범인	시민	시민	범인	시민	범인	시민	시민	시민

14 ④

같은 숫자가 나올 확률은 (1, 1), (2, 2), (3, 3), (4, 4), (5, 5), (6, 6)이므로 $\frac{6}{36}$이다.
따라서 서로 다른 숫자가 나올 확률은
$1 - \frac{6}{36} = \frac{30}{36} = \frac{5}{6}$이다.

15 ④

사진 6장에 추가하여 뽑는 사진의 수를 x라 하면
$\frac{4,000 + 200x}{6 + x} \le 400$
$\Rightarrow 4,000 + 200x \le 400 \times (6 + x)$
$\Rightarrow 4,000 + 200x \le 2,400 + 400x \Rightarrow 8 \le x$
따라서 14장 이상을 뽑으면 사진 한 장의 가격이 400원 이하가 된다.

16 ④

④ 2017년 강도와 살인의 발생건수 합은

5,753 + 132 = 5,885건으로 4대 범죄 발생건수의

$26.4\%\left(\dfrac{5,885}{22,310} \times 100 = 26.37\right)$를 차지하고 검거

건수의 합은 5,481 + 122 = 5,603건으로 4대 범

죄 검거건수의

$28.3\%\left(\dfrac{5,603}{19,771} \times 100 = 28.3\right)$를 차지한다.

① 2014년 인구 10만 명당 발생건수는

$\dfrac{18,258}{49,346} \times 100 = 36.99 ≒ 37$으로 매년 증가한다.

② 발생건수와 검거건수가 가장 적게 증가한 연도는 2016년으로 동일하다. 발생건수 증가율은 2015년 6.8%, 2016년 0.9%, 2017년 13.4%, 검거건수 증가율은 2015년 1.73%, 2016년 1.38%, 2017년 18.9%이다.

③ 2017년 발생건수 대비 검거건수 비율이 가장 낮은 범죄 유형의 발생건수는 강도 95%, 살인 92%, 정도 85%, 방화 99%에서 절도이다. 2017년 4대 범죄 유형별 발생건수 총 22,310건이고 60%는 13,386건이 된다. 절도의 발생건수는 14,778건이므로 60%가 넘는다.

17 ④

구분	인문 · 사회	자연 · 공학	전체
A 대학교	2,350 (약 42.0%)	3,241 (약 58.0%)	5,591
B 대학교	2,240 (약 55.7%)	1,783 (약 44.3%)	4,023
C 대학교	3,478 (약 44.8%)	4,282 (약 55.2%)	7,760
D 대학교	773 (약 62.8%)	458 (약 37.2%)	1,231
E 대학교	1,484 (약 47.4%)	1,644 (약 52.6%)	3,128

대학교	수시전형			정시전형			정시 기준 수시 정원
	인문 · 사회	자연 · 공학	소계	인문 · 사회	자연 · 공학	소계	
A	1,175	1,652	2,827	1,175	1,589	2,764	+63
B	536	402	938	1,704	1,381	3,085	−2,147
C	2,331	2,840	5,171	1,147	1,442	2,589	+2,582
D	319	215	534	454	243	697	−163
E	725	746	1,471	759	898	1,657	−186

㉠ 전체 신입생 정원에서 인문 · 사회 계열 정원의 비율이 가장 높은 대학교는 D 대학교이다.

㉡ 수시전형으로 선발하는 신입생 정원이 정시전형으로 선발하는 신입생 정원보다 많은 대학교는 A 대학교와 C 대학교이다.

18 ①

표에 따르면 2016년과 2017년 모두 전년대비 1인당 이산화탄소 배출량이 증가한 국가는 B와 D이다. 첫 번째 조건에서 보면 브라질과 사우디가 된다.

브라질은 매년 인구가 1억 명 이상이므로 B와 D 중 매년 인구가 1억 명 이상인 국가는 브라질이다.

2015년 B는 $15.22 = \dfrac{41.49}{x} \rightarrow x = \dfrac{41.49}{15.22} = 2.73$,

D는 $1.99 = \dfrac{38.85}{x} \rightarrow x = \dfrac{38.85}{1.99} = 19.52$

그러므로 D가 브라질이고, B가 사우디가 된다.

2017년의 한국인구, A인구, C인구를 계산해 보면

한국인구 = $\dfrac{59.29}{11.86} = 4.999 ≒ 5 \rightarrow$ 5천 명

A인구 = $\dfrac{37.61}{7.2} = 5.2 \rightarrow$ 5천 2백 명

C인구 = $\dfrac{53.37}{15.3} = 3.48 ≒ 3.5 \rightarrow$ 3천 5백 명

A가 남아공, C가 캐나다가 된다.

19 ④

A국은 1차 산업의 비중이 높고, B국은 선진국형, C국은 중진국형, D국은 후진국형 산업 구조이다. 따라서 B국은 C국보다 산업 구조의 고도화가 더 진행되었다.

20 ④

① 올해 배추 생산량은 지난해에 비해 약 3% 상승했다.

② 배추의 재배면적은 지난해에 비해 올해에는 약 7% 감소, 무의 재배면적은 4% 감소했으므로 배추가 더 감소했다.

③ 올해 단위면적당 배추 생산량은 변함이 없다.

⑤ 올해 무 생산량은 지난해에 비해 약 24% 감소했다.

21 ②

을은 뒷면을 가공한 이후 갑의 앞면 가공이 끝날 때까지 5분을 기다려야 한다.

뒷면 가공 15분 → 5분 기다림 → 앞면 가공 20분 → 조립 5분

총 45분이 걸리고, 유휴 시간은 기다린 시간인 5분이 된다.

22 ④

완성품 납품 개수는

$30 + 20 + 30 + 20$으로 총 100개이다.

완성품 1개당 부품 A는 10개가 필요하므로 총 1,000개가 필요하고, B는 300개, C는 500개가 필요하다.

이때 각 부품의 재고 수량에서 부품 A는 500개를 가지고 있으므로 필요한 1,000개에서 가지고 있는 500개를 빼면 500개의 부품을 주문해야 한다.

부품 B는 120개를 가지고 있다.

필요한 300개에서 가지고 있는 120개를 빼면

180개를 주문해야 하며, 부품 C는 250개를 가지고 있으므로 필요한 500개에서 가지고 있는 250개를 빼면 250개를 주문해야 한다.

23 ③

재고 수량에 따라 완성품을 A 부품으로는 $100 \div 2 = 50$개, B 부품으로는 $300 \div 3 = 100$개, C 부품으로는 $2,000 \div 20 = 100$개, D 부품으로는 $150 \div 1 = 150$개까지 만들 수 있다.

완성품은 A, B, C, D가 모두 조립되어야 하므로 50개만 만들 수 있다.

완성품 1개당 소요 비용은 완성품 1개당 소요량과 단가의 곱으로 구하면 되므로 A 부품 $2 \times 50 = 100$원, B 부품 $3 \times 100 = 300$원, C 부품 $20 \times 10 = 200$원, D 부품 $1 \times 400 = 400$원이다.

이를 모두 합하면 $100 + 300 + 200 + 400 = 1,000$원이 된다.

24 ④

각 도시별 자동차 대수를 구해보면 자동차 대수의 단위가 1,000명이므로 10을 곱하여 만 명당 대수로 변환하게 계산을 하면 된다.

A : $100 \times 2,000 = 200,000$

B : $70 \times 1,500 = 105,000$

C : $50 \times 4,500 = 225,000$

D : $50 \times 5,000 = 250,000$

25 ③

① 19일 수요일 오후 1시 울릉도 도착, 20일 목요일 독도 방문, 22일 토요일은 복귀하는 날인데 종아는 매주 금요일에 술을 마시므로 멀미로 인해 선박을 이용하지 못한다. 또한 금요일 오후 6시 호박엿 만들기 체험도 해야 한다.

② 20일 목요일 오후 1시 울릉도 도착, 독도는 화요일과 목요일만 출발하므로 불가능
③ 23일 일요일 오후 1시 울릉도 도착, 24일 월요일 호박엿 만들기 체험, 25일 화요일 독도 방문, 26일 수요일 포항 도착
④ 25일 화요일 오후 1시 울릉도 도착, 27일 목요일 독도 방문, 28일 금요일 호박엿 만들기 체험은 오후 6시인데, 복귀하는 선박은 오후 3시 출발이라 불가능

26 ④

정보를 통해 정리해 보면 다음과 같다.

G → D → E → A → C → B → F

27 ③

③ 대화 속의 남과 여는 디지털 글쓰기의 장점과 단점에 대해 이야기하고 있다. 따라서 두 사람이 제출했을 토론 주제로는 '디지털 글쓰기의 장단점'이 적합하다.

28 ②

② 다른 나라에 진출한 타 기업 수 현황 자료는 '다른 나라와의 경제적 연대 증진'이라는 해외 시장 진출의 의의를 뒷받침하는 근거 자료로 적합하지 않다.

29 ①

금요일에는 제육덮밥이 편성된다. 목요일에는 오므라이스를 편성할 수 없고, 다섯 번째 조건에 의해 나물 비빔밥도 편성할 수 없다. 따라서 목요일에는 돈가스 정식 또는 크림 파스타가 편성되어야 한다. 마지막 조건과 두 번째 조건에 의해 돈가스 정식은 월요일, 목요일에도 편성할 수 없으므로 돈가스 정식은 화요일에 편성된다. 따라서 목요일에는 크림 파스타, 월요일에는 나물 비빔밥이 편성된다.

30 ④

ㄹㅁ에 의해 B, D가 지하철을 이용함을 알 수 있다.
ㄷㅂ에 의해 E는 마케팅에 지원했음을 알 수 있다.
ㅁ에 의해 B는 회계에 지원했음을 알 수 있다.
A와 C는 버스를 이용하고, E는 택시를 이용한다.
A는 출판, B는 회계, C와 D는 생산 또는 시설관리, E는 마케팅에 지원했음을 알 수 있다.

31 ④

① 노트북 83번 모델은 한국 창원공장과 구미공장 두 곳에서 생산되었다.
② 15년에 생산된 제품이 17개로 14년에 생산된 제품보다 4개 더 많다.
③ TV 36번 모델은 한국 청주공장에서 생산되었다.

32 ②

중국 옌타이 제1공장의 C라인은 제품 코드의 "CNB － 1C"으로 알 수 있다. 에어컨 58번 모델 2개를 반품해야 한다.

33 ①

[제품 종류] － [모델 번호] － [생산 국가/도시] － [공장과 라인] － [제조연월]
AI(에어컨) － 59 － KRB(한국/청주) － 2B － 1511

34 ②

(가)는 WAVE, (나)는 MP3에 관한 설명이다.

35 ①

파일의 용량을 줄이거나 화면크기를 변경하는 등 정보의 형태나 형식을 변환하는 처리 방식을 인코딩이라 한다.

36 ④

① 부팅이 안 될 때 문제해결을 위한 방법이다.
② 디스크 용량 부족 시 대처하는 방법이다.
③ 응답하지 않는 프로그램 발생 시 대처방법이다.

37 ③

Alt + PrtSc : 활성창을 클립보드로 복사
Alt + Esc : 실행 중인 프로그램을 순서대로 전환

38 ④

코드 1605(2016년 5월), 1D(유럽 독일), 01001(가공식품류 소시지) 00064(64번째로 수입)가 들어가야 한다.

39 ④

④ 아프리카 이집트에서 생산된 장갑의 코드번호
① 중동 이란에서 생산된 신발의 코드번호
② 동남아시아 필리핀에서 생산된 바나나의 코드번호
③ 일본에서 생산된 의류의 코드번호

40 ③

1703(2017년 3월), 4L(동남아시아 캄보디아), 03011(농수산식품류 후추), 00001(첫 번째로 수입)

직무수행능력평가

41 ①

요양급여대상 결정신청 실무검토
㉠ 안전성 · 유효성 확인(1단계) : 식약처 허가사항, 신의료기술의 안전성 · 유효성 평가결과 고시
㉡ 경제성평가(2단계) : 치료효과성, 대체가능성, 비용효과성 평가
㉢ 급여적정성 평가(3단계)
• 의료행위
-관련 법령의 비급여 대상 여부
-치료효과성, 대체가능성, 비용효과성
-급여대상에 합당한 요인 (사회적 요구 등)
• 치료재료
-관련 법령의 비급여 대상 여부
-상대가치점수 포함여부(유사목적의 장비, 재료, 기준 등)
-치료효과성, 대체가능성, 비용효과성
-급여대상에 합당한 요인 (사회적 요구 등)
㉣ 종합평가(4단계)
• 의료행위
-급여여부 결정 (급여, 비급여, 선별급여)
-급여적용 시 상대가치점수 산출
• 치료재료
-급여여부 결정(급여, 비급여, 행위료 포함, 선별급여)
-급여적용 시 치료재료 상한금액 산정

42 ③

건강보험심사평가원의 역할로 급여범위 설정 및 지불제도 운영, 심사 및 평가, 보건의료체계 관리, 인프라서비스 운영 및 연구가 있다.

43 ③

국민건강보험종합계획의 수립 등〈국민건강보험법 시행령 제2조의2 제1항〉 … 보건복지부장관은 법 제3조의2제1항 전단에 따른 국민건강보험종합계획 및 같은 조 제3항에 따른 연도별 시행계획을 수립하는 경우에는 다음 각 호의 구분에 따른 시기까지 수립하여야 한다.

1. 종합계획 : 시행 연도 전년도의 (㉠ 9월 30일)까지
2. 시행계획 : 시행 연도 전년도의 (㉡ 12월 31일)까지

44 ②

국민건강보험종합계획의 수립 등〈국민건강보험법 시행령 제2조의2 제2항〉 … 보건복지부장관은 종합계획 및 시행계획을 수립하거나 변경한 경우에는 다음 각 호의 구분에 따른 방법으로 공표하여야 한다.

1. 종합계획 : 관보에 고시
2. 시행계획 : 보건복지부 인터넷 홈페이지에 게시

45 ②

①④ 국민건강보험법 제3조의2(국민건강보험종합계획의 수립 등) 제2항
③ 국민건강보험법 시행령 제2조의3(종합계획에 포함될 사항) 제1호

46 ③

건강보험정책심의위원회〈국민건강보험법 제4조 제4항〉 … 심의위원회의 위원은 다음 각 호에 해당하는 사람을 보건복지부장관이 임명 또는 위촉한다.

1. 근로자단체 및 사용자단체가 추천하는 각 2명
2. 시민단체(「비영리민간단체지원법」 제2조에 따른 비영리민간단체를 말한다. 이하 같다), 소비자단체, 농어업인단체 및 자영업자단체가 추천하는 각 1명
3. 의료계를 대표하는 단체 및 약업계를 대표하는 단체가 추천하는 8명
4. 다음 각 목에 해당하는 8명
   가. 대통령령으로 정하는 중앙행정기관 소속 공무원 2명
   나. 국민건강보험공단의 이사장 및 건강보험심사평가원의 원장이 추천하는 각 1명
   다. 건강보험에 관한 학식과 경험이 풍부한 4명

47 ②

② 국민건강보험법 제6조(가입자의 종류) 제1항 제1호에 따라 고용 기간이 1개월 미만인 일용근로자이다.
① 국민건강보험법 제6조(가입자의 종류) 제1항 제2호
③④ 국민건강보험법 시행령 제9조(직장가입자에서 제외되는 사람)

48 ④

국민건강보험법 시행령 제9조의2(공단의 업무)에 해당하는 국민건강보험공단의 업무에 해당한다.

49 ②

①③④ 국민건강보험법 제53조(급여의 제한) 제1항

50 ④

①②③ 국민건강보험법 제57조의2(부당이득 징수금 체납자의 인적사항 등 공개) 제1항

51 ②

원장은 임원추천위원회가 복수로 추천한 사람 중에서 보건복지부장관의 제청으로 대통령이 임명한다〈국민건강보험법 제65조(임원) 제2항〉.

52 ③

진료심사평가위원회〈국민건강보험법 제66조 제5항〉… 심사평가원의 원장은 심사위원이 다음 각 호의 어느 하나에 해당하면 그 심사위원을 해임 또는 해촉할 수 있다.
1. 신체장애나 정신장애로 직무를 수행할 수 없다고 인정되는 경우
2. 직무상 의무를 위반하거나 직무를 게을리한 경우
3. 고의나 중대한 과실로 심사평가원에 손실이 생기게 한 경우
4. 직무 여부와 관계없이 품위를 손상하는 행위를 한 경우

53 ①

보험료〈국민건강보험법 제69조 제5항〉… 지역가입자의 월별 보험료액은 다음 각 호의 구분에 따라 산정한 금액을 합산한 금액으로 한다. 이 경우 보험료액은 세대 단위로 산정한다.
1. 소득 : 제71조 제2항에 따라 산정한 지역가입자의 소득월액에 제73조 제3항에 따른 보험료율을 곱하여 얻은 금액
2. 재산 : 제72조에 따라 산정한 재산보험료부과점수에 제73조 제3항에 따른 재산보험료부과점수당 금액을 곱하여 얻은 금액

54 ②

직장가입자의 보험료율은 1천분의 80의 범위에서 심의위원회의 의결을 거쳐 대통령령으로 정한다〈국민건강보험법 제73조(보험료율 등) 제1항〉.

55 ③

국외에서 업무에 종사하고 있는 직장가입자에 대한 보험료율은 제1항에 따라 정해진 보험료율의 100분의 50으로 한다〈국민건강보험법 제73조(보험료율 등) 제2항〉.

56 ①

결손처분〈국민건강보험법 제84조 제1항〉… 공단은 다음 각 호의 어느 하나에 해당하는 사유가 있으면 재정운영위원회의 의결을 받아 보험료 등을 결손처분할 수 있다.
1. 체납처분이 끝나고 체납액에 충당될 배분금액이 그 체납액에 미치지 못하는 경우
2. 해당 권리에 대한 소멸시효가 완성된 경우
3. 그 밖에 징수할 가능성이 없다고 인정되는 경우로서 대통령령으로 정하는 경우

57 ①

보험료 등은 국세와 지방세를 제외한 다른 채권에 우선하여 징수한다. 다만, 보험료 등의 납부기한 전에 전세권·질권·저당권 또는 「동산·채권 등의 담보에 관한 법률」에 따른 담보권의 설정을 등기 또는 등록한 사실이 증명되는 재산을 매각할 때에 그 매각대금 중에서 보험료 등을 징수하는 경우 그 전세권·질권·저당권 또는 「동산·채권 등의 담보에 관한 법률」에 따른 담보권으로 담보된 채권에 대하여는 그러하지 아니하다〈국민건강보험법 제85조(보험료 등의 징수 순위)〉.

58 ③

국민건강보험법 시행규칙 제44조(소득 산정방법 및 평가기준) 제2항에 따라 해당 소득의 100분의 50을 곱하여 산정한다.

59 ③

과징금〈국민건강보험법 제99조 제2항〉
1. 환자 진료에 불편을 초래하는 등 공공복리에 지장을 줄 것으로 예상되는 때: 해당 약제에 대한 요양급여비용 총액의 (㉠ 100분의 200)을 넘지 아니하는 범위

2. 국민 건강에 심각한 위험을 초래할 것이 예상되는 등 특별한 사유가 있다고 인정되는 때: 해당 약제에 대한 요양급여비용 총액의 (ⓒ 100분의 60)을 넘지 아니하는 범위

60 ④

평가항목〈국민건강보험법 시행령 제18조의4(선별급여) 제2항 제2호〉
가. 치료 효과 및 치료 과정의 개선에 관한 사항
나. 비용 효과에 관한 사항
다. 다른 요양급여와의 대체가능성에 관한 사항
라. 국민건강에 대한 잠재적 이득에 관한 사항
마. 그 밖에 가목부터 라목까지의 규정에 준하는 사항으로서 보건복지부장관이 적합성평가를 위하여 특히 필요하다고 인정하는 사항

61 ②

② 상임이사는 보건복지부령으로 정하는 추천 절차를 거쳐 원장이 임명한다〈국민건강보험법 제65조 제3항〉.
① 국민건강보험법 제62조
③ 국민건강보험법 제66조 제1항
④ 국민건강보험법 제67조 제1항

62 ①

약제·치료재료의 요양급여비용〈국민건강보험법 시행령 제22조 제1항〉… 법 제46조에 따라 법 제41조 제1항 제2호의 약제·치료재료(제21조 제2항 및 제3항에 따른 상대가치점수가 적용되는 약제·치료재료는 제외)에 대한 요양급여비용은 다음 각 호의 구분에 따라 결정한다. 이 경우 구입금액(요양기관이 해당 약제 및 치료재료를 구입한 금액)이 상한금액(보건복지부장관이 심의위원회의 심의를 거쳐 해당 약제 및 치료재료별 요양급여비용의 상한으로 고시하는 금액)보다 많을 때에는 구입금액은 상한금액과 같은 금액으로 한다.

1. 한약제 : 상한금액
2. 한약제 외의 약제 : 구입금액
3. 삭제〈2014. 8. 29.〉
4. 치료재료: 구입금액

63 ②

요양급여비용의 지급 보류 등〈국민건강보험법 시행령 제22조의2 제4항〉… 법 제47조의2 제4항 전단에서 "법원의 무죄 판결이 확정되는 등 대통령령으로 정하는 사유"란 다음 각 호의 어느 하나에 해당하는 사유를 말한다. 다만, 제2호 또는 제3호의 경우 불송치 또는 불기소를 받은 이후 해당 사건이 다시 수사 및 기소되어 법원의 판결에 따라 유죄가 확정된 경우는 제외한다.
1. 무죄 판결의 확정
2. 불송치(혐의 없음 또는 죄가 안 됨으로 한정한다. 이하 같다)
3. 불기소(혐의 없음 또는 죄가 안 됨으로 한정한다. 이하 같다)

64 ①

국민건강보험법 제63조(업무 등)에 따라 건강보험심사평가원의 업무에 해당한다.

65 ④

부가급여〈국민건강보험법 시행령 제23조 제6항〉… 이용권을 사용할 수 있는 기간은 제5항에 따라 이용권을 발급받은 날부터 다음 각 호의 구분에 따른 날까지로 한다.
1. 임신·출산한 가입자 또는 피부양자: 출산일(유산 및 사산의 경우 그 해당일)부터 2년이 되는 날
2. 2세 미만 영유아의 법정대리인: 2세 미만 영유아의 출생일부터 2년이 되는 날

66 ④

국민건강보험법 시행령 제28조(업무) 제1항에 의한 건강보험심사평가원의 업무에 해당한다.

67 ①

① 지역가입자의 재산보험료부과점수당 금액은 211.5 원으로 한다〈국민건강보험법 시행령 제44조(보험료율 및 재산보험료부과점수당 금액) 제2항〉.

68 ②

원장 권한의 위임〈국민건강보험법 시행령 제30조〉 … 법 제68조에 따라 준용되는 법 제32조에 따라 심사평가원의 원장이 분사무소의 장에게 위임할 수 있는 사항은 「의료법」 제3조의4에 따른 상급종합병원을 제외한 요양기관에 대한 다음 각 호의 권한으로 한다.
1. 법 제43조 제1항 및 제2항에 따른 요양기관 현황 신고 및 변경신고에 대한 처리 권한
2. 법 제47조 제2항에 따른 요양급여비용에 대한 심사 권한
3. 법 제48조 제1항 및 제2항에 따른 요양급여 대상 여부의 확인 요청에 대한 처리 권한
4. 법 제87조 제2항에 따른 이의신청에 대한 결정 권한
5. 그 밖에 법에 따른 심사평가원 업무의 효율적인 수행을 위하여 심사평가원의 정관으로 정하는 권한

69 ②

이사회의 심의·의결사항〈국민건강보험법 시행령 제11조〉 … 법 제26조 제4항에 따라 다음 각 호의 사항은 공단의 이사회의 심의·의결을 거쳐야 한다. 다만, 법 제4조제1항에 따른 심의위원회의 심의·의결사항 및 법 제33조에 따른 재정운영위원회의 심의·의결사항은 제외한다.
1. 사업운영계획 등 공단 운영의 기본방침에 관한 사항
2. 예산 및 결산에 관한 사항
3. 정관 변경에 관한 사항
4. 규정의 제정·개정 및 폐지에 관한 사항
5. 보험료와 그 밖의 법에 따른 징수금 및 보험급여에 관한 사항
6. 법 제37조에 따른 차입금에 관한 사항
7. 법 제38조에 따른 준비금, 그 밖에 중요재산의 취득·관리 및 처분에 관한 사항
8. 그 밖에 공단 운영에 관한 중요 사항
※ 국민건강보험법 시행령 제31조(준용 규정)에 따라 심사평가원 이사회의 심의·의결사항 및 회의에 관하여는 제11조(제5호는 제외한다) 및 제12조를 준용한다. 이 경우 "공단"은 "심사평가원"으로, "이사장"은 "원장"으로 본다.

70 ③

월별 보험료액의 하한에서 직장가입자의 보수월액보험료는 보험료가 부과되는 연도의 전전년도 평균 보수월액보험료의 1천분의 50 이상 1천분의 85 미만의 범위에서 보건복지부장관이 정하여 고시하는 금액〈제32조(월별 보험료액의 상한과 하한) 제2호 가목〉

71 ②

①③④ 국민건강보험 요양급여의 기준에 관한 규칙 [별표 1] 요양급여의 적용기준 및 방법

72 ①

공단은 원래 산정·징수한 보수월액보험료의 금액이 제34조부터 제38조까지의 규정에 따라 다시 산정한 보수월액보험료의 금액을 초과하는 경우에는 그 초과액을 사용자에게 반환하여야 하며, 부족한 경우에는 그 부족액을 사용자로부터 추가로 징수하여야 한다〈국민건강보험법 시행령 제39조(보수월액보험료의 정산 및 분할납부) 제1항〉.

73 ④

④ 국민건강보험법 시행령 제41조의2(소득월액의 조정 등) 제6항

① 가입자는 폐업, 경영 실적의 변동 등 공단의 정관으로 정하는 사유로 제41조제1항 각 호의 어느 하나에 해당하는 소득이 감소하거나 증가한 경우 그 사유에 해당함을 증명하는 서류를 첨부하여 소득월액보험료가 부과되는 시점의 사업소득 등 자료를 소득월액 산정에 반영하여 조정해 줄 것을 공단에 신청할 수 있다〈국민건강보험법 시행령 제41조의2(소득월액의 조정 등) 제1항〉.

② 소득월액을 조정한 이후에 해당 연도의 사업소득 등이 발생한 경우에는 그 사업소득 등이 발생한 날이 속하는 달의 다음 달 1일부터 1개월 이내에 사업소득 등의 발생 사실과 그 금액을 공단에 신고해야 한다〈국민건강보험법 시행령 제41조의2(소득월액의 조정 등) 제3항〉.

③ 소득월액을 조정한 이후에 해당 연도의 사업소득 등이 확인된 경우에는 그 확인된 사업소득 등을 기준으로 해당 연도의 소득월액을 다시 산정하여 소득월액보험료를 정산할 수 있다〈국민건강보험법 시행령 제41조의2(소득월액의 조정 등) 제4항〉.

74 ①

보건복지부장관은 법 제72조의3 제1항에 따른 적정성 평가를 위한 조사 및 연구를 실시할 수 있다〈국민건강보험법 시행령 제42조의7(보험료 부과제도에 대한 적정성 평가) 제1항〉

75 ③

국민건강보험법 시행령 [별표 7] 과태료 부과기준에 따라 100만원에 해당한다.

76 ①

가입자 등은 요양급여일수에 대한 확인을 공단에 요청할 수 있으며, 요청을 받은 공단은 요양급여비용이 청구되어 지급된 요양급여내역별 요양급여일수를 문서, 팩스 또는 정보통신망 등을 이용하여 지체 없이 해당가입자 등에게 통보하여야 한다〈국민건강보험 요양급여의 기준에 관한 규칙 제4조의2(요양급여일수의 확인)〉.

77 ③

보건복지부장관은 의학적 타당성, 의료적 중대성, 치료효과성 등 임상적 유용성, 비용효과성, 환자의 비용부담 정도, 사회적 편익 및 건강보험 재정상황 등을 고려하여 요양급여대상의 여부를 결정해야 한다〈국민건강보험 요양급여의 기준에 관한 규칙 제1조의2(요양급여 대상의 여부 결정에 관한 원칙)〉.

78 ①

가입자등이 상급종합병원에서 2단계 요양급여를 받고자 하는 때에는 상급종합병원에서의 요양급여가 필요하다는 의사소견이 기재된 건강진단 · 건강검진결과서 또는 별지 제4호서식의 요양급여의뢰서를 건강보험증 또는 신분증명서(주민등록증, 운전면허증 및 여권을 말한다. 이하 같다)와 함께 제출하여야 한다〈국민건강보험 요양급여의 기준에 관한 규칙 제2조(요양급여의 절차) 제4항〉.

79 ③

③ 분쟁조정위원회는 위원장을 포함하여 60명 이내의 위원으로 구성하고, 위원장을 제외한 위원 중 1명은 당연직위원으로 한다. 이 경우 공무원이 아닌 위원이 전체 위원의 과반수가 되도록 하여야 한다〈「국민건강보험법」 제89조 제2항〉.

① 「국민건강보험법」 제89조 제1항
② 「국민건강보험법」 제89조 제2항
④ 「국민건강보험법」 제89조 제7항

80 ③

서류의 보존 ··· 요양기관은 요양급여가 끝난 날부터 5년간 보건복지부령으로 정하는 바에 따라 요양급여비용의 청구에 관한 서류를 보존하여야 한다. 다만, 약국 등 보건복지부령으로 정하는 요양기관은 처방전을 요양급여비용을 청구한 날부터 3년간 보존하여야 한다〈「국민건강보험법」 제96조의4 제1항〉.